CHEKHOV
THREE SISTERS

Over sixty Russian Texts are available or in production in this series, many are stressed and all have an English introduction and notes. They include the following:

Andreev: Selected Stories, M. Shotton
Chekhov: Selected Short Stories, G. Birkett & G. Struve
Chekhov: The Cherry Orchard, D. Hitchcock
Chekhov: The Lady with the Dog, P. Waddington
Chekhov: The Seagull, P. Henry
Chekhov: Three Farces, L. O'Toole
Chekhov: Three Sisters, J. Davidson
Chekhov: Uncle Vanya, D. Magarshack & C. Johnson
Chekhov: The Wedding, A. Murphy
Dostoevsky: Dream of a Ridiculous Man, W. Leatherbarrow
Dostoevsky: Notes from Underground, G. Humphreys
Lermontov: Demon, D. Ward
Lermontov: A Hero of Our Time, D. Richards
Pushkin: Boris Godunov, V. Terras
Pushkin: The Bronze Horseman, T. Little
Pushkin: Eugene Onegin, A. Briggs & F. Sobotka
Pushkin: Little Tragedies (*The Covetous Knight, Mozart and Salieri, The Stone Guest, The Feast During the Plague*), V. Terras
Pushkin: The Queen of Spades, J. Forsyth
Pushkin: Tales of the Late Ivan Petrovich Belkin, A. Briggs
Tolstoy: Childhood, M. Pursglove
Tolstoy: The Death of Ivan Ilyich, M. Beresford
Tolstoy: Sebastopol in December/ Sebastopol in May, M. Pursglove
Turgenev: Asya, F. Gregory (rev. J. Andrew)
Turgenev: Fathers and Sons, E. Sands
Turgenev: First Love, F. Gregory & R. Lagerberg
Turgenev: A Month in the Country, T. Greenan
Turgenev: Mumu, J. Muckle
Turgenev: Rudin, P. Waddington

Also available in BCP series, Critical Studies in Russian Literature
McVay, G. Chekhov's *Three Sisters*
Rayfield, D. Chekhov's *Uncle Vania* and *The Wood Demon*

Pushkin: Selected Verse, tr. J. Fennell.

А.П. ЧЕХОВ
ТРИ СЕСТРЫ

A.P. CHEKHOV
THREE SISTERS

EDITED WITH INTRODUCTION,
NOTES AND VOCABULARY
BY J.M.C. DAVIDSON
Text stressed by L.A. Volossevich

ADDITIONAL MATERIAL
BY C. JOHNSON
AND G. McVAY

RUSSIAN
STUDIES

PUBLISHED BY BRISTOL CLASSICAL PRESS
GENERAL EDITOR: JOHN H. BETTS
RUSSIAN TEXTS SERIES EDITOR: NEIL CORNWELL

First published by Bradda Books Ltd in 1962
Basil Blackwell Ltd, 1984, 1990

Revised edition published in 1997 by
Bristol Classical Press
an imprint of
Gerald Duckworth & Co. Ltd
The Old Piano Factory
48 Hoxton Square, London N1 6PB

A catalogue record for this book is available
from the British Library

ISBN 1-85399-520-7

Available in USA and Canada from:
Focus Information Group
PO Box 369
Newburyport
MA 01950

Printed in Great Britain by
Booksprint, Bristol

A.P. CHEKHOV, 1860-1904

1860: born 17 January in Taganrog, the third of six children. His father was a shop-keeper, the son of a former serf.

1868-79: a student at the Taganrog *gymnasium*. After the father's bankruptcy the family moves to Moscow, leaving Anton to finish school in Taganrog.

1879: enrols in medical faculty of Moscow University. While a student, in order to support himself and the family, he begins writing short pieces for humorous magazines, becoming the chief breadwinner and *de facto* head of the family. These early works were signed with pseudonyms, most frequently 'Antosha Chekhonte'.

1884: graduates from the medical faculty. For the rest of his life he practices medicine only intermittently, but the education and the medical experience had left a deep mark on his writings.

Up to 1886: Chekhov's chief outlets are the humorous magazines, especially *Fragments* published in St Petersburg, but his stories grow in depth and seriousness of purpose. The St Petersburg daily newspapers, *Petersburg Gazette* and *New Times*, publish these increasingly serious works. Chekhov becomes close friends with the publisher of *New Times*, Aleksey Suvorin. Under Suvorin's influence Chekhov raises his literary ambitions.

From 1884 onwards: collections of his stories appear in book form. He is persuaded to sign them henceforth 'Anton Chekhov'. The volume *At Twilight* (1887) is awarded the Pushkin Prize for that year.

1886: marks the beginning of the transition from the 'early' to the 'middle' Chekhov. His talent matures, his stories become longer, more varied and more complex. By 1888 Chekhov is a committed professional writer.

Later 1880s: he had also begun his career as a dramatist, transforming two short stories into one-act plays, and writing two full-length dramas: *Ivanov* (1887) and *The Wood Demon* (1888-89), later transformed into *Uncle Vanya*. The later 1880s also see Chekhov's experimentation with larger narrative forms, e.g. *The Steppe* (1888), appearing in the literary review *Northern Herald* and thereby marking his rise from low-brow to high-brow medium. Many superlative stories date from this period, e.g. *A Dreary Story* (1889).

1890: he journeys overland to the convict island of Sakhalin (before there was any railway). He undertook this arduous journey partly to discharge his debt to medicine (to obtain his full medical degree he needed to submit a thesis) and partly to relieve the depression brought on by the death from tuberculosis of his brother Nikolay. He paid for the trip by writing travel sketches for *New Times*. On Sakhalin he studied the social, economic and medical conditions of the inhabitants. His findings were eventually incorporated in *Sakhalin Island* (1893-95). He returned to Russia by sea, via Hong Kong, Singapore, Ceylon and the Suez Canal. Soon after his return, Chekhov went to Western Europe for the first time, in the company of the Suvorins.

1891-1895: a period of intense activity. The famine of 1891, followed by a cholera epidemic, called on Chekhov's skills as a doctor. In 1892 he bought his country estate of Melikhovo, near Serpukhov, where he involved himself in local affairs and doctored the local peasants. His literary output continues unabated and includes some of his most famous works. Many of these are 'problem' stories, dealing with social or philosophical issues, e.g. *The Duel* (1891), *The Wife* (1892), *Ward No 6* (1892), *A Woman's Kingdom* (1894), *Three Years* (1895).

Later 1890s: Chekhov turns his attention once more to the theatre. From 1896 to 1903 he produces the four theatrical masterpieces that have established him as the great dra-

matist of modern times: *The Seagull* (1896), *Uncle Vanya* (completed by 1896), *Three Sisters* (1901), *The Cherry Orchard* (1903). He became closely linked with the infant Moscow Art Theatre and its chief director, Konstantin Stanislavsky. All four plays are strikingly innovative in method. Many of Chekhov's greatest stories also date from his last years. Chekhov undergoes and fights against the influence of Tolstoy and rebuts Tolstoyan ideas in such stories as *My Life* (1896) and *Peasants* (1897). The outstanding stories of these years are: *The Man in a Case* (1898), *The Darling* (1899), *The Lady with the Little Dog* (1899), *In the Ravine* (1900). Chekhov's final story is *The Bride* (1903). Clear symptoms of tuberculosis had appeared as early as 1884. Chekhov dealt with his illness by
. denying its existence. It became acute in 1897, and for the rest of his days Chekhov remains a semi-invalid, living mostly in Yalta. He also spent two winters in Nice.

1901: married Olga Knipper, an actress of the Moscow Art Theatre.

1904: his last public appearence took place at the Moscow première of *The Cherry Orchard* (17 January). Later that spring he went to take the waters at Badenweiler in the Black Forest, Germany. He died there 2 July, 1904.

Compiled by Colin Johnson, University of Leeds

FOREWORD TO THE FIRST EDITION

The purpose of the present edition is to provide an unabridged stressed text of the play, with a full vocabulary and a limited number of notes on points of particular difficulty or obscurity. The vocabulary has been so compiled as to include all but the most basic words. The most common perfective prefixes and perfective/imperfective pairs have been given, but are to be regarded only as a guide, since in many cases mere pairing is an oversimplification. Double imperfectives have been given in pairs with the indeterminate form first.

J.M.C.D.

Horley, Surrey, 1962.

3

INTRODUCTION
Background

"Three Sisters" was written in 1900. "The Seagull" had received its first performance by the Moscow Art Theatre, following previous failures, on December 17th, 1898, while "Uncle Vanya" was first performed by the same company, following successes in the provinces, on October 26th, 1899. Between these two memorable dates, on the 8th of February, 1899, Chekhov wrote to Nemirovich-Danchenko, one of the founders and directors of the Moscow Art Theatre, to say that, should the Maly Theatre accept "Uncle Vanya" for production (which it did not), «... для Худо́жественного теа́тра я напишу́ другу́ю пье́су.» Writing did not begin straight away. To Nemirovich-Danchenko in a letter of November 24th, 1899, he wrote: «Пье́сы я не пишу́. У меня́ есть сюже́т «Три сестры́», но пре́жде чем я не ко́нчу тех по́вестей, кото́рые давно́ уже́ у меня́ на со́вести, за пье́су не зася́ду.» On September 5th, 1900, he wrote from Yalta, where he was forced to live because of ill health, to Vishnevsky, the actor who eventually played Kulygin: «Пье́су я пишу́, уже́ написа́л мно́го, но, пока́ я не в Москве́, суди́ть о ней не могу́. Быть мо́жет, выхо́дит у меня́ не пье́са, а ску́чная, кры́мская чепуха́. Называ́ется она́ «Три сестры́».»

By September Chekhov was complaining that the work was going slowly, as in the following extracts from letters to Olga Knipper, the actress who was later to become his wife. «Пье́са на́чата, ка́жется, хорошо́, но я охладе́л к э́тому нача́лу, оно́ для меня́ опо́шлилось — и я тепе́рь не зна́ю, что де́лать. Пье́су ведь на́до писа́ть не остана́вливаясь, без переды́шки, а сего́дняшнее у́тро — э́то пе́рвое у́тро, когда́ я оди́н, когда́ мне не меша́ют.» (August 20th). Apart from outside interference he complained of difficulties arising from within the play itself: « . . . о́чень мно́го де́йствующих лиц, те́сно, бою́сь, что вы́йдет нея́сно и́ли бле́дно.» (September 5th); «Что-то у меня́ захрома́ла одна́ из герои́нь, ничего́ с ней не поде́лаю и злюсь.» (September 8th). Here the heroine referred to is Masha, the part which Olga Knipper was to play. To his sister Mariya Pavlovna Chekhova, he wrote on September 9th: « «Трёх сестёр» писа́ть о́чень тру́дно, трудне́е, чем пре́жние пье́сы.»

The completion of the task was reported to Maxim Gorky on October 16th: «Мо́жете себе́ предста́вить, написа́л пье́су . . . Ужа́сно тру́дно бы́ло писа́ть «Трёх сестёр». Ведь три герои́ни, ка́ждая должна́ быть на свой образе́ц, и все три — генера́льские до́чки! Де́йствие происхо́дит в провинциа́льном го́роде вро́де Пе́рми, среда́ — вое́нные, артилле́рия.» This was not the final version, however, although it was read and approved by the Moscow Art Theatre cast at the end of the month. Further revisions were made, especially to the fourth act, by the end of December.

It can be seen that Chekhov did not set out with firm convictions as to the course of the play, nor did he have much more confidence in his work than he had had before the success of "The Seagull" and "Uncle Vanya". After writing "The Wood Demon", from which "Uncle Vanya" was derived, he had said: « . . . в друго́й раз уже́ не бу́ду писа́ть больши́х пьес. Нет на сие́ ни вре́мени, ни тала́нта, и, вероя́тно, нет доста́точной любви́ к де́лу.» (Letter to A. P. Lensky, one of the actors of the Maly Theatre, November 2nd, 1899). It is certainly possible to say that he revealed ample love for the task in his co-operation with the cast and producers of the Moscow Art Theatre over the production of "Three Sisters." Unable to be in Moscow for the later rehearsals, he engaged in a steady correspondence, especially with Olga Knipper, about any problems which arose. He asked to be supplied with information and comments. «Опиши́ мне хоть одну́ репети́цию «Трёх сестёр», he wrote to Olga Knipper on January 2nd, 1901. «Не ну́жно ли чего́ приба́вить и́ли что уба́вить?» He gave instructions on the passage of Natasha across the stage in the third act « . . . по одно́й ли́нии, ни на кого́ и ни на что не гля́дя, à la Ле́ди Макбе́т, со свечо́й — э́так коро́че и страшнéй,» and insisted that the body of Tuzenbach should not be shown on the stage after the duel. In general, he explained lines, moods, movements, many of which posed to the cast similar problems to those which the modern producer faces — how do Masha and Vershinin deal with "tram-tam-tam"; what attitude should Masha adopt in her confession to her sisters in Act III («. . . покаáние Мáши в трéтьем áкте вóвсе не есть покаáние, а тóлько откровéнный разговóр. Ведú нéрвно, но не отчáянно, не кричú . . .»).

The first performance was on January 31st, 1901. Reports in the press afterwards were not favourable, while Stanislavsky said that the first-night audience's reaction indicated that the success was «неопределённый.» However, the performances improved steadily with time as the actors began to feel their way deeper into their roles. Olga Knipper as Masha in particular found in a part which has unexpectedly few lines but vast scope for expressive gestures and movements many variations of mood which had previously escaped her. In most cases movements and emotions on stage were restricted to give a tenser, more subtle atmosphere. As the cast settled down, the play became one of the most popular in Moscow. Olga Knipper wrote to Chekhov as early as February 5th: «По всей Москвé тóлько и разговóру, что «Три сестры́.» Однúм слóвом, успéх Чéхова и успéх нáшего теáтра.»

As with "The Seagull" and "Uncle Vanya", the combination of Chekhov and the Moscow Art Theatre proved successful. Both were original in their approach as far as the Russian theatre was concerned, and certainly Chekhov might have been lost as a dramatist without the Moscow Art Theatre. It was not unique within the general field of European drama, inasmuch as a trend towards less declamatory and more realistic acting had already been noted in response to the creation of realist and naturalist plays by European dramatists. But no company was as thorough in its application of this style as the Moscow Art Theatre. It was founded by Nemirovich-Danchenko and Stanislavsky, with a predominantly young but exceedingly promising group of actors and actresses, many of whom had been pupils of Nemirovich-Danchenko. They submitted themselves to a remarkably rigorous discipline in the domestic as well as the dramatic side of their life, and worked with

6

the same dedication as is to be found in the Russian ballet.

In all cases the general atmosphere and mood of a play was placed before individual performances, so that contrived exit lines, dramatic outbursts of passion, and other such devices used to produce an immediate response from an audience were eliminated. It followed from this that the actors were compelled to perform with the utmost sincerity and conviction, to live the part they were playing; it was common for the actor to maintain his stage personality even when in the wings or dressing room. This approach meant much to the production of Chekhov's plays, where incidental, every-day actions and conversations form the background to the central action. Here was an outstanding case of two entirely independent enterprises meeting and forming the perfect partnership. At the time when Nemirovich-Danchenko and Stanislavsky were evolving a particular approach to theatrical production, a dramatist appeared who, quite unprompted, produced plays which were ready-made to their requirements. It is not surprising, therefore, that, while "The Seagull" was not the first play performed by the company, the seagull should have been adopted as the emblem of the Moscow Art Theatre.

The Play

"Three Sisters" is concerned with the lives of Olga, Masha, and Irina Prozorov, and with them, of their brother Andrei. Their father, a general, has died a year previously, leaving them settled in a provincial town, but dreaming of life in the Moscow to which they are accustomed, and which they love. Their circle of friends is still drawn from the officers garrisoned in the town. Of these, Baron Tuzenbach, of pleasant disposition but unprepossessing appearance, is devoted to Irina, the youngest daughter. She has a most romantic nature, and the Baron by no means represents the man of her dreams. However, disillusioned with life as it is, and in the absence of other suitors, she becomes betrothed to the adoring and thoroughly reliable Tuzenbach. On his retirement from the army, they propose to move from the town and build a new life on a basis of hard work and mutual respect. But this is not to be. The

7

Baron is killed in a senseless duel by his rival, the strangely menacing Solyony.

The second sister, Masha, was married to a local schoolmaster when she was 18. He is a kind and tolerant being, but no companion for his lively young wife, who no longer even claims to respect him as she once did. On meeting Colonel Vershinin, who has a wife and two daughters, and is still less suitably mated, she is immediately attracted to him, and he to her. They realise that there is no future in their relationship, but resolve to enjoy each other's company to the full while they can. The affair is brought to a natural close when the regiment is transferred.

Olga, the hardworking and sensible eldest sister, is involved in no such romantic episodes, and remains the stabilising force and confidante for the rest of the family. She says, musing, «Я бы любила мужа» — "I would have loved my husband" — but is left to expend her matronly care upon her school charges and upon her brother and sisters.

Andrei suffers a fate less spectacular and more common than that of Irina and Masha. He marries Natasha, a girl of culture and aspirations far below his own, who eventually comes to rule the house to her personal satisfaction, and even has an affair with the chairman of the local council, of which Andrei is a mere ordinary member. The war of attrition waged by Natasha is spread throughout the final three acts of the play, until the sisters have been driven out of their own house, and Andrei has been rendered impotent.

Natasha personally represents the squalid nature of life in a provincial town as seen by the sisters, and her «пошлость» and «мещанство» — narrow-mindedness, vulgarity, philistinism — rise to a crescendo as the fortunes of the sisters fall. She might have been a laughable character were her triumph not so inevitable and destructive. In terms of interpretation, she poses fewer problems than most of Chekhov's characters.

If Natasha is a grossly human devil in but the most transparent disguise, Solyony is the evil genius, the ominous harbinger of doom. He goes so far as to forecast the Baron's fate in saying, « . . . я вспылю и всажу вам пулю в лоб, ангел мой.» His character is probably the most generally incomprehensible to English audiences. He is clearly no normal being, but he explains his strangeness by admitting that «... в обществе я уныл, застенчив и ... говорю всякий вздор.» He is one of those who seem destined to become involved in arguments, and whose jokes are never quite in tune. His particular delusion is that he in some way resembles Lermontov, whose dark pessimism provides Solyony with a cover for his presumed shyness and actual boorishness. In the light of this, his posturing and declamation become feasible.

Solyony, however, does not belong to the environment of Natasha and Protopopov, which is the true enemy of the refined and idealistic sisters. Their accustomed milieu is that of the garrison officers who, Masha asserts, are the only truly civilised people in the town. Masha claims to find her husband's colleagues repulsive, so one must assume that the amiable Kulygin himself is not entirely typical. Chekhov was at pains to make his officers thoroughly authentic. He insisted upon the correct uniform, and demanded that the usual caricature of military behaviour should be avoided. These men must make clear that they are intelligent, cultured, polite, «симпатичные.»

Outside this company the sisters are lost. As Olga says: «Всякая, даже малейшая грубость, неделикатно сказанное слово волнует меня.» Olga, whether largely by nature, or simply by age and circumstance, has become the mother of the family, chiding Masha, consoling Irina, and remaining calm in face of the final disasters. Irina, partly because of her youth, is romantically inclined, and only with an effort brings herself to face reality and to accept the Baron's proposal. Both Irina and Olga are thoroughly genteel, and lack spirit by comparison with Masha. Masha has as much true breeding, but also possesses a fiery spirit which prevents her from accepting passively the injustice and coarseness of her present environment. She adopts unconventional attitudes as an expression of revolt, and beneath her exterior of depressed melancholy there lies a desire for life and a determination to seize any chance of happiness. When this appears in the form of Vershinin, she has no hesitation in further abandoning the accepted proprieties. Olga Knipper herself said of Masha: «... она ведь не простая «дама», а самобытная, особенная. И чёрта может пустить, и обозлиться, но всё это изящно, потому, что

у неё вну́треннее изя́щество есть. Она́ тала́нтливая, наве́р-
ное, игра́ет хорошо́, то́лько деви́ть тала́нт не́куда.» When
she finds somebody who can appreciate her will to live, who
can, like Vershinin, dream of a bright future, she abandons her
melancholy pose, decides that she will stay to celebrate Irina's
Name-day, and by Act III accepts with unconcerned serenity
the trials of the fire.

In Masha's talent which can find no outlet lies the central
theme of the play. The sisters, Andrei, Tuzenbach, Vershinin
— all of them dream of a life which has some purpose, even
though they have but the vaguest ideas of what that purpose
might be. Olga and Irina associate it with residence in Moscow,
Tuzenbach visualises a time when everybody will gain satisfaction from hard work, while Vershinin sees a society
wherein the culture and enlightenment which the Prozorov
family represent in this unenlightened town will become
universal. All are aware, however, that they will not live to
see the fulfilment of their dreams, and as they struggle, like
animals in a trap, the net draws tighter round them.

ТРИ СЕСТРЫ

дра́ма в четырёх де́йствиях.

ДЕ́ЙСТВУЮЩИЕ ЛИ́ЦА.

Про́зоров, Андре́й Серге́евич.

Ната́лья Ива́новна, его́ неве́ста, пото́м жена́.

Óльга ⎫

Ма́ша ⎬ его́ сёстры

Ири́на ⎭

Кулы́гин, Фёдор Илья́ч, учи́тель гимна́зии, муж Ма́ши.

Верши́нин, Алекса́ндр Игна́тьевич, подполко́вник, батаре́йный команди́р.

Тузенбах,* Никола́й Льво́вич, баро́н, пору́чик.

Солёный, Васи́лий Васи́льевич, штабс-капита́н.

Чебуты́кин, Ива́н Рома́нович, вое́нный до́ктор.

Федо́тик, Алексе́й Петро́вич, подпору́чик.

Родэ́, Влади́мир Ка́рлович, подпору́чик.

Ферапо́нт, сто́рож из зе́мской упра́вы, стари́к.

Анфи́са, ня́нька, стару́ха 80 лет.

Де́йствие происхо́дит в губе́рнском го́роде.

---

*While the original German stress would have been Ту́зенбах, the Russianised
stress is Тузенба́х.

ДЕЙСТВИЕ ПЕРВОЕ

В доме Прозоровых. Гостиная с колоннами, за которыми виден большой зал. Полдень; на дворе солнечно, весело. В зале накрывают на стол для завтрака. Ольга в синем форменном платье учительницы женской гимназии, всё время поправляет ученические тетрадки стоя и на ходу; Маша в чёрном платье, со шляпкой на коленях сидит и читает книжку, Ирина в белом платье стоит задумавшись.

―――

Ольга. Отец умер ровно год назад, как раз в этот день, пятого мая, в твои именины, Ирина. Было очень холодно, тогда шёл снег. Мне казалось, я не переживу, ты лежала в обмороке, как мёртвая. Но вот прошёл год, и мы вспоминаем об этом легко, ты уже в белом платье, лицо твоё сияет...

Часы бьют двенадцать.

И тогда также били часы.

Пауза.

Помню, когда отца несли, то играла музыка, на кладбище стреляли. Он был генерал, командовал бригадой, между тем народу шло мало. Впрочем, был дождь тогда. Сильный дождь и снег.

Ирина. Зачем вспоминать!

За колоннами, в зале около стола показываются барон Тузенбах, Чебутыкин и Солёный.

Ольга. Сегодня тепло, можно окна держать настежь, а берёзы ещё не распускались. Отец получил бригаду

12

и вы́ехал с на́ми из Москвы́ оди́ннадцать лет наза́д, и, я отли́чно по́мню, в нача́ле ма́я, вот в э́ту по́ру, в Москве́ уже́ всё в цвету́, тепло́, всё за́лито со́лнцем. Оди́ннадцать лет прошло́, а я по́мню там всё, как бу́дто вы́ехали вчера́. Бо́же мой! Сего́дня у́тром проснула́сь, уви́дела ма́ссу све́та, уви́дела весну́, и ра́дость заволнова́лась в мое́й душе́, захоте́лось на ро́дину стра́стно.

Чебуты́кин. Чёрта с два!

Ту́зенбах. Коне́чно, вздор.

Ма́ша, заду́мавшись над кни́жкой, ти́хо насви́стывает пе́сню.

Ольга. Не свисти́, Ма́ша. Ка́к это ты мо́жешь!

Па́уза.

Оттого́, что я ка́ждый день в гимна́зии и пото́м даю́ уро́ки до ве́чера, у меня́ постоя́нно боли́т голова́ и таки́е мы́сли, то́чно я уже́ соста́рилась. И в са́мом де́ле, за э́ти четы́ре го́да, пока́ служу́ в гимна́зии, я чу́вствую, как из меня́ выхо́дят ка́ждый день по ка́плям и си́лы и мо́лодость. И то́лько растёт и кре́пнет одна́ мечта́...

Ири́на. Уе́хать в Москву́. Прода́ть дом, поко́нчить всё здесь и в Москву́...

Ольга. Да! Скоре́е в Москву́.

Чебуты́кин и Ту́зенбах смею́тся.

Ири́на. Брат, вероя́тно, бу́дет профе́ссором, он всё равно́ не ста́нет жить здесь. То́лько вот остано́вка за бе́дной Ма́шей.

Ольга. Ма́ша бу́дет приезжа́ть в Москву́ на всё ле́то, ка́ждый год.

Ма́ша ти́хо насви́стывает пе́сню.

Ири́на. Бог даст, всё устро́ится. (Гля́дя в окно́.) Хоро́шая пого́да сего́дня. Я не зна́ю, отчего́ у меня́ на душе́ так светло́! Сего́дня у́тром вспо́мнила, что я имени́нница, и вдруг почу́вствовала ра́дость, и вспо́мнила де́тство, когда́ ещё была́ жива́ ма́ма. И каки́е чу́дные мы́сли волнова́ли меня́, каки́е мы́сли!

Ольга. Сего́дня ты вся сия́ешь, ка́жешься необыкнове́нно краси́вой. И Ма́ша то́же краси́ва. Андре́й был бы хоро́ш, то́лько он располне́л о́чень, э́то к нему́ не идёт. А я постаре́ла, похуде́ла си́льно, оттого́, должно́ быть, что сержу́сь в гимна́зии на де́вочек. Вот сего́дня я свобо́дна, я до́ма, и у меня́ не боли́т голова́, я чу́вствую себя́ моло́же, чем вчера́. Мне два́дцать во́семь лет, то́лько... Всё хорошо́, всё от Бо́га, но мне ка́жется, е́сли бы я вы́шла за́муж и це́лый день сиде́ла до́ма, то э́то бы́ло бы лу́чше.

Па́уза.

Я бы люби́ла му́жа.

Ту́зенбах (Солёному). Тако́й вы вздор говори́те, надое́ло вас слу́шать. (Входя́ в гости́ную.) Забы́л сказа́ть. Сего́дня у вас с визи́том бу́дет наш но́вый батаре́йный команди́р Верши́нин. (Сади́тся у пиани́но.)

Ольга. Ну, что ж! Очень ра́да.

Ири́на. Он ста́рый?

Ту́зенбах. Нет, ничего́. Са́мое бо́льшее, лет со́рок, со́рок пять. (Ти́хо наи́грывает.) Повидимому, сла́вный ма́лый. Не глуп — э́то несомне́нно. То́лько говори́т мно́го.

Ири́на. Интере́сный челове́к?

Ту́зенбах. Да, ничего́ себе́, то́лько жена́, тёща и две де́вочки. Прито́м жена́т во второ́й раз. Он де́лает визи́ты и везде́ говори́т, что у него́ жена́ и две де́вочки. И здесь ска́жет. Жена́ кака́я-то полоу́мная, с дли́нной деви́ческой косо́й, говори́т одни́ высокопа́рные ве́щи, филосо́фствует и ча́сто покуша́ется на самоуби́йство, очеви́дно, чтобы насоли́ть му́жу. Я бы давно́ ушёл от тако́й, но он те́рпит и то́лько жа́луется.

Солёный (входя́ из за́лы в гости́ную с Чебуты́киным). Одно́й руко́й я поднима́ю то́лько полтора́ пу́да, а двумя́ пять, да́же шесть пудо́в. Из э́того я заключа́ю, что два челове́ка сильне́е одного́ не вдво́е, а втро́е, да́же бо́льше...

Чебуты́кин (чита́ет на ходу́ газе́ту). При выпаде́нии воло́с... два золотника́ нафтали́на на полбуты́лки спи́рта... раствори́ть и употребля́ть ежедне́вно... (Запи́сывает в кни́жку.) Запи́шем-с! (Солёному.) Так вот, я говорю́ вам, про́бочка втыка́ется в буты́лочку, и сквозь неё прохо́дит стекля́нная тру́бочка... Пото́м вы берёте щепо́точку са́мых просты́х, обыкнове́ннейших квасцо́в...

Ири́на. Ива́н Рома́ныч, ми́лый Ива́н Рома́ныч!

Чебуты́кин. Что, де́вочка моя́, ра́дость моя́?

Ири́на. Скажи́те мне, отчего́ я сего́дня так сча́стлива? То́чно я на паруса́х, надо мной широ́кое голубо́е не́бо и но́сятся больши́е бе́лые пти́цы. Отчего́ э́то? От-чего́?

Чебуты́кин (целу́я ей о́бе руки́, не́жно). Пти́ца моя́ бе́лая...

Ири́на. Когда́ я сего́дня просну́лась, вста́ла и умы́-лась, то мне вдруг ста́ло каза́ться, что для меня́ всё я́сно на э́том све́те, и я зна́ю, как на́до жить. Ми́лый Ива́н Рома́ныч, я зна́ю всё. Челове́к до́лжен труди́ться, ра-бо́тать в по́те лица́, кто бы он ни был, и в э́том одно́м за-ключа́ется смысл и цель его́ жи́зни, его́ сча́стье, его́ вос-то́рги. Как хорошо́ быть рабо́чим, кото́рый встаёт чуть свет и бьёт на у́лице ка́мни, и́ли пастухо́м, и́ли учи́телем, кото́рый у́чит дете́й, и́ли машини́стом на желе́зной доро́ге... Бо́же мой, не то, что челове́ком, лу́чше быть воло́м, лу́чше быть просто́ю ло́шадью, то́лько бы рабо́тать, чем молодо́й же́нщиной, кото́рая встаёт в двена́дцать часо́в дня, пото́м пьёт в посте́ли ко́фе, пото́м два часа́ одева́ется... о, как э́то ужа́сно! В жа́ркую пого́ду так иногда́ хо́чется пить, как мне захоте́лось рабо́тать. И е́сли я не бу́ду ра́но встава́ть и труди́ться, то откажи́те мне в ва́шей дру́жбе, Ива́н Рома́ныч.

Чебуты́кин (не́жно). Откажу́, откажу́...

Ольга. Оте́ц приучи́л нас встава́ть в семь часо́в. Те-пе́рь Ири́на просыпа́ется в семь и по кра́йней ме́ре до девяти́ лежи́т и о чём-то ду́мает. А лицо́ серьёзное! (Сме-ётся.)

Ири́на. Ты привы́кла ви́деть меня́ де́вочкой, и тебе́ стра́нно, когда́ у меня́ серьёзное лицо́. Мне два́дцать лет!

Ту́зенбах. Тоска́ по труде́, о Бо́же мой, как она́ мне поня́тна! Я не рабо́тал ни ра́зу в жи́зни. Роди́лся я в Пе-тербу́рге, холо́дном и пра́здном, в семье́, кото́рая никогда́ не зна́ла труда́ и никаки́х забо́т. По́мню, когда́ я приезжа́л домо́й из ко́рпуса, то лаке́й ста́скивал с меня́ сапоги́, я капри́зничал в э́то вре́мя, а моя́ мать смотре́ла на меня́ с благогове́нием и удивля́лась, когда́ други́е на меня́ смо-тре́ли ина́че. Меня́ оберега́ли от труда́. То́лько едва́ ли уда-ло́сь обере́чь, едва́ ли! Пришло́ вре́мя, надвига́ется на всех нас грома́да, гото́вится здоро́вая, си́льная бу́ря, кото́рая идёт, уже́ близка́ и ско́ро сду́ет с на́шего о́бщества лень, равноду́шие, предубежде́ние к труду́, гнилу́ю ску́ку. Я бу́ду рабо́тать, а че́рез каки́е-нибудь два́дцать пять — три́дцать лет рабо́тать бу́дет уже́ ка́ждый челове́к. Ка́ждый!

Чебуты́кин. Я не бу́ду рабо́тать.

Ту́зенбах. Вы не в счёт.

Солёный. Через два́дцать пять лет вас уже́ не бу́дет на све́те, сла́ва Бо́гу. Года́ че́рез два-три вы умрёте от кондра́шки, и́ли я вспылю́ и всажу́ вам пу́лю в лоб, а́нгел мой. *(Вынима́ет из карма́на флако́н с духа́ми и опры́скивает себе́ грудь, ру́ки.)*

Чебуты́кин *(смеётся).* А я в са́мом де́ле никогда́ ничего́ не де́лал. Как вы́шел из университе́та, так не уда́рил па́льцем о па́лец, да́же ни одно́й кни́жки не прочёл, а чита́л то́лько одни́ газе́ты... *(Вынима́ет из карма́на другу́ю газе́ту.)* Вот... Зна́ю по газе́там, что был, поло́жим, Добролю́бов, а что он там писа́л — не зна́ю... Бог его́ зна́ет...

Слы́шно, как стуча́т в пол из ни́жнего этажа́.

Вот... Зову́т меня́ вниз, кто́-то ко мне пришёл. Сейча́с приду́... погоди́те... *(Торопли́во ухо́дит, расчёсывая бо́роду.)*

Ири́на. Это он что́-то вы́думал.

Ту́зенбах. Да. Ушёл с торже́ственной физионо́мией, очеви́дно принесёт вам сейча́с пода́рок.

Ири́на. Как э́то неприя́тно!

Ольга. Да, э́то ужа́сно. Он всегда́ де́лает глу́пости.

Ма́ша. У лукомо́рья дуб зелёный, злата́я цепь на ду́бе том... Злата́я цепь на ду́бе том... *(Встаёт и напева́ет ти́хо.)*

Ольга. Ты сего́дня невесёлая, Ма́ша.

Ма́ша, напева́я, надева́ет шля́пу.

Куда́ ты?

Ма́ша. Домо́й.

Ири́на. Стра́нно...

Ту́зенбах. Уходи́ть с имени́н!

Ма́ша. Всё равно́... Приду́ ве́чером. Проща́й, моя́ хоро́шая... *(Целу́ет Ири́ну.)* Жела́ю тебе́ ещё раз, будь здоро́ва, будь сча́стлива... В пре́жнее вре́мя, когда́ был

16

жив отéц, к нам па имени́ны приходи́ло вся́кий раз по тридцать-сóрок офицéров, бы́ло шýмно, а сего́дня тóлько полторá человéка и ти́хо, как в пусты́не... Я уйдý... Сего́дня я в мерлехлю́ндии, невéсело мне, и ты не слýшай меня́. *(Смея́сь сквозь слёзы.)* Пóсле поговори́м, а покá прощáй, моя́ ми́лая, пойдý кудá-нибудь.

Ири́на *(недовóльная)*. Ну, какáя ты...

Óльга *(со слезáми)*. Я понимáю тебя́, Мáша.

Солёный. Если филосóфствует мужчи́на, то э́то бýдет философи́стика и́ли там софи́стика; éсли же филосóфствует жéнщина и́ли две жéнщины, то уж э́то бýдет — потяни́ меня́ за пáлец.

Мáша. Что вы хоти́те э́тим сказáть, ужáсно стрáшный человéк?

Солёный. Ничегó. Он áхнуть не успéл, как на негó медвéдь насéл.

Пáуза.

Мáша *(Óльге, серди́то)*. Не реви́!

Вхо́дят Анфи́са и Ферапóнт с тóртом.

Анфи́са. Сюдá, бáтюшка мой. Входи́, нóги у тебя́ чи́стые. *(Ири́не)*. Из зéмской упрáвы, от Протопóпова, Михаила Ивáныча... Пирóг.

Ири́на. Спаси́бо. Поблагодари́. *(Принимáет торт.)*

Ферапóнт. Чегó?

Ири́на *(грóмче)*. Поблагодари́!

Óльга. Ня́нечка, дай емý пирогá. Ферапóнт, иди́, там тебé пирогá дадýт.

Ферапóнт. Чегó?

Анфи́са. Пойдём, бáтюшка Ферапóнт Спиридóныч. Пойдём... *(Ухóдит с Ферапóнтом.)*

Мáша. Не люблю́ я Протопóпова, э́того Михаила Потáпыча и́ли Ивáныча. Егó не слéдует приглашáть.

Ири́на. Я не приглашáла.

Мáша. И прекрáсно.

Вхóдит Чебуты́кин, за ним солдáт с серéбряным самовáром; гул изумлéния и недовóльства.

Óльга *(закрывáет лицó рукáми)*. Самовáр! Это ужáсно! *(Ухóдит в зáлу к столý.)*

Ирина. Голубчик Иван Романыч, что вы делаете!

Тузенбах *(смеётся).* Я говорил вам!

Маша. Иван Романыч, у вас просто стыда нет!

Чебутыкин. Милые мои, хорошие мои, вы у меня единственные, вы для меня самое дорогое, что только есть на свете. Мне скоро шестьдесят, я старик, одинокий, ничтожный старик... Ничего во мне нет хорошего, кроме этой любви к вам, и если бы не вы, то я бы давно уже не жил на свете... *(Ирине.)* Милая, деточка моя, я знаю вас со дня вашего рождения... носил на руках... я любил покойницу маму...

Ирина. Но зачем такие дорогие подарки!

Чебутыкин *(сквозь слёзы, сердито).* Дорогие подарки... Ну вас совсем! *(Денщику.)* Неси самовар туда... *(Дразнит).* Дорогие подарки...

Денщик уносит самовар в зал.

Анфиса *(проходя через гостиную).* Милые, полковник незнакомый! Уж пальто снял, деточки, сюда идёт. Аринушка, ты же будь ласковая, вежливенькая... *(Уходя.)* И завтракать уже давно пора... Господи...

Тузенбах. Вершинин, докжно быть.

Входит Вершинин.

Подполковник Вершинин!

Вершинин *(Маше и Ирине).* Честь имею представиться: Вершинин. Очень, очень рад, что, наконец, я у вас. Какие вы стали! Ай! ай!

Ирина. Садитесь, пожалуйста. Нам очень приятно.

Вершинин *(весело).* Как я рад, как я рад! Но ведь вас три сестры. Я помню — три девочки. Лиц уж не помню, но что у вашего отца, полковника Прозорова, были три маленьких девочки, я отлично помню и видел собственными глазами. Как идёт время! Ой, ой, как идёт время!

Тузенбах. Александр Игнатьевич из Москвы.

Ирина. Из Москвы? Вы из Москвы?

Вершинин. Да, оттуда. Ваш покойный отец был там батарейным командиром, а я в той же бригаде офицером. *(Маше.)* Вот ваше лицо немножко помню, кажется.

Маша. А я вас — нет!

Ири́на. Оля! Оля! *(Кричи́т в за́лу.)* Оля, иди́ же!

Ольга вхо́дит из за́лы в гости́ную.

Подполко́вник Верши́нин, ока́зывается, из Москвы́.

Верши́нин. Вы, ста́ло быть, Ольга Серге́евна, ста́ршая... А вы Мари́я... А вы Ири́на — мла́дшая...

Ольга. Вы из Москвы́?

Верши́нин. Да. Учи́лся в Москве́ и на́чал слу́жбу в Москве́, до́лго служи́л там, наконе́ц получи́л здесь бата́рею — перешёл сюда́, как ви́дите. Я вас не по́мню со́бственно, по́мню то́лько, что вас бы́ло три сестры́. Ваш оте́ц сохрани́лся у меня́ в па́мяти, вот закро́ю глаза́ и ви́жу, как живо́го. Я у вас быва́л в Москве́...

Ольга. Мне каза́лось, я всех по́мню, и вдруг...

Верши́нин. Меня́ зову́т Алекса́ндром Игна́тьевичем...

Ири́на. Алекса́ндр Игна́тьевич, вы из Москвы́... Вот неожи́данность!

Ольга. Ведь мы туда́ переезжа́ем.

Ири́на. Ду́маем, к о́сени уже́ бу́дем там. Наш родно́й го́род, мы роди́лись там... На Ста́рой Басма́нной у́лице...

Обе смею́тся от ра́дости.

Ма́ша. Неожи́данно земляка́ уви́дели. *(Жи́во.)* Тепе́рь вспо́мнила! По́мнишь, Оля, у нас говори́ли: «влюблён-ный майо́р». Вы бы́ли тогда́ пору́чиком и в кого́-то бы́ли влюблены́, и вас все дразни́ли почему́-то майо́ром...

Верши́нин *(смеётся)*. Вот, вот... Влюблённый майо́р, э́то так...

Ма́ша. У вас бы́ли тогда́ то́лько усы́... О, как вы постаре́ли! *(Сквозь слёзы.)* Как вы постаре́ли!

Верши́нин. Да, когда́ меня́ зва́ли влюблённым майо́-ром, я был ещё мо́лод, был влюблён. Тепе́рь не то.

Ольга. Но у вас ещё ни одного́ седо́го во́лоса. Вы постаре́ли, но ещё не ста́ры.

Верши́нин. Одна́ко уже́ со́рок тре́тий год. Вы давно́ из Москвы́?

Ири́на. Оди́ннадцать лет. Ну, что ты, Ма́ша, пла́-чешь, чуда́чка... *(Сквозь слёзы.)* И я запла́чу...

Ма́ша. Я ничего́. А на како́й вы у́лице жи́ли?

Вершинин. На Старой Басманной.

Ольга. И мы там тоже...

Вершинин. Одно время я жил на Немецкой улице. С Немецкой улицы я хаживал в Красные казармы. Там по пути угрюмый мост, под мостом вода шумит. Одинокому становится грустно на душе.

Пауза.

А здесь какая широкая, какая богатая река! Чудесная река!

Ольга. Да, но только холодно. Здесь холодно и комары....

Вершинин. Что вы! Здесь такой здоровый, хороший, славянский климат. Лес, река... и здесь тоже берёзы. Милые, скромные берёзы, я люблю их больше всех деревьев. Хорошо здесь жить. Только странно, вокзал железной дороги в двадцати верстах... И никто не знает, почему это так.

Солёный. А я знаю, почему это так.

Все глядят на него.

Потому что если бы вокзал был близко, то не был бы далеко, а если он далеко, то, значит, не близко.

Неловкое молчание.

Тузенбах. Шутник, Василий Васильич.

Ольга. Теперь и я вспомнила вас. Помню.

Вершинин. Я вашу матушку знал.

Чебутыкин. Хорошая была, царство ей небесное.

Ирина. Мама в Москве погребена.

Ольга. В Ново-Девичьем...

Маша. Представьте, я уж начинаю забывать её лицо. Так и о нас не будут помнить. Забудут.

Вершинин. Да. Забудут. Такова уж судьба наша, ничего не поделаешь. То, что кажется нам серьёзным, значительным, очень важным, — придёт время, — будет забыто или будет казаться неважным.

Пауза.

И интересно, мы теперь совсем не можем знать, что собственно будет считаться высоким, важным и что жалким, смешны́м. Ра́зве откры́тие Копе́рника и́ли, поло́жим, Колу́мба не каза́лось в пе́рвое вре́мя нену́жным, смешны́м, а како́й-нибудь пусто́й вздор, напи́санный чудако́м, не каза́лся и́стиной? И мо́жет ста́ться, что на́ша тепе́решняя жизнь, с кото́рой мы так мири́мся, бу́дет со вре́менем каза́ться стра́нной, неудо́бной, неу́мной, недоста́точно чи́стой, быть мо́жет, да́же гре́шной...

Ту́зенбах. Кто зна́ет? А быть мо́жет, на́шу жизнь назову́т высо́кой и вспо́мнят о ней с уваже́нием. Тепе́рь нет пы́ток, нет ка́зней, наше́ствий, но вме́сте с тем ско́лько страда́ний!

Солёный (*то́нким го́лосом*). Цип, цип, цип... Баро́на ка́шей не корми́, а то́лько дай ему́ пофилосо́фствовать.

Ту́зенбах. Васи́лий Васи́льич, прошу́ вас оста́вить меня́ в поко́е... (*Сади́тся на друго́е ме́сто.*) Это ску́чно, наконе́ц.

Солёный (*то́нким го́лосом*). Цип, цип, цип...

Ту́зенбах (*Верши́нину*). Страда́ния, кото́рые наблюда́ются тепе́рь, — их так мно́го! — говоря́т всё-таки об изве́стном нра́вственном подъёме, кото́рого уже́ дости́гло о́бщество...

Верши́нин. Да, да, коне́чно.

Чебуты́кин. Вы то́лько что сказа́ли, баро́н, на́шу жизнь назову́т высо́кой; но лю́ди всё же ни́зенькие... (*Встаёт.*) Гляди́те, како́й я ни́зенький. Это для моего́ утеше́ния на́до говори́ть, что жизнь моя́ высо́кая, поня́тная вещь.

За сце́ной игра́ на скри́пке.

Ма́ша. Это Андре́й игра́ет, наш брат.

Ири́на. Он у нас учёный. Должно́ быть, бу́дет профе́ссором. Па́па был вое́нным, а его́ сын избра́л себе́ учёную карье́ру.

Ма́ша. По жела́нию па́пы.

Ольга. Мы сего́дня его́ задразни́ли. Он, ка́жется, влюблён немно́жко.

Ири́на. В одну́ зде́шнюю ба́рышню. Сего́дня она́ бу́дет у нас, по всей вероя́тности.

Ма́ша. Ах, как она́ одева́ется! Не то чтобы некраси́во, не мо́дно, а про́сто жа́лко. Кака́я-то стра́нная, я́ркая, желтова́тая ю́бка с э́такой по́шленькой бахромо́й и кра́сная ко́фточка. И щёки таки́е вы́мытые, вы́мытые! Андре́й не влюблён — я не допуска́ю, всё-таки у него́ вкус есть, а про́сто он так, дра́знит нас, дура́чится. Я вчера́ слы́шала, она́ выхо́дит за Протопо́пова, председа́теля зде́шней упра́вы. И прекра́сно... *(В боковую дверь.)* Андре́й, поди́ сюда́! Ми́лый, на мину́тку!

Вхо́дит Андре́й.

О́льга. Это мой брат, Андре́й Серге́ич.

Верши́нин. Верши́нин.

А́ндрей. Про́зоров. *(Утира́ет вспоте́вшее лицо́).* Вы к нам батаре́йным команди́ром?

О́льга. Мо́жешь предста́вить, Алекса́ндр Игна́тьич из Москвы́.

Андре́й. Да? Ну, поздравля́ю, тепе́рь мои́ сестри́цы не даду́т вам поко́ю.

Верши́нин. Я уже́ успе́л надое́сть ва́шим сёстрам.

Ири́на. Посмотри́те, каку́ю ра́мочку для портре́та подари́л мне сего́дня Андре́й! *(Пока́зывает ра́мочку.)* Это он сам сде́лал.

Верши́нин *(гля́дя на ра́мочку и не зна́я, что сказа́ть).* Да... вещь...

Ири́на. И вот ту ра́мочку, что над пиани́но, он то́же сде́лал.

Андре́й ма́шет руко́й и отхо́дит.

О́льга. Он у нас и учёный, и на скри́пке игра́ет, и вы́пиливает ра́зные шту́чки — одни́м сло́вом, ма́стер на все ру́ки. Андре́й, не уходи́! У него́ мане́ра — всегда́ уходи́ть. Поди́ сюда́!

Ма́ша и Ири́на беру́т его́ под руки и со сме́хом веду́т наза́д.

Ма́ша. Иди́, иди́!

Андре́й. Оста́вьте, пожа́луйста.

Ма́ша. Како́й смешно́й! Алекса́ндра Игна́тьевича называ́ли когда́-то влюблённым майо́ром, и он ниско́лько не серди́лся.

Вершинин. Нисколько!

Маша. А я хочу тебя назвать: влюблённый скрипач!

Ирина. Или влюблённый профессор!...

Ольга. Он влюблён! Андрюша влюблён!

Ирина (аплодируя). Браво, браво! Бис! Андрюшка влюблён!

Чебутыкин (подходит сзади к Андрею и берёт его обеими руками за талию). Для любви одной природа нас на свет произвела! (Хохочет; он всё время с газетой.)

Андрей. Ну, довольно, довольно... (Утирает лицо.) Я всю ночь не спал и теперь немножко не в себе, как говорится. До четырёх часов читал, потом лёг, но ничего не вышло. Думал о том, о сём, а тут ранний рассвет, солнце так и лезет в спальню. Хочу за лето, пока буду здесь, перевести одну книжку с английского.

Вершинин. А вы читаете по-английски?

Андрей. Да. Отец, царство ему небесное, угнетал нас воспитанием. Это смешно и глупо, но в этом всё-таки надо сознаться, после его смерти я стал полнеть и вот располнел в один год, точно моё тело освободилось от гнёта. Благодаря отцу я и сёстры знаем французский, немецкий и английский языки, а Ирина знает ещё по-итальянски. Но чего это стоило!

Маша. В этом городе знать три языка ненужная роскошь. Даже и не роскошь, а какой-то ненужный придаток, вроде шестого пальца. Мы знаем много лишнего.

Вершинин. Вот те на! (Смеётся.) Знаете много лишнего! Мне кажется, нет и не может быть такого скучного и унылого города, в котором был бы не нужен умный, образованный человек. Допустим, что среди ста тысяч населения этого города, конечно, отсталого и грубого, таких, как вы, только три. Само собою разумеется, вам не победить окружающей вас тёмной массы; в течение вашей жизни, мало-помалу, вы должны будете уступить и затеряться в стотысячной толпе, вас заглушит жизнь, но всё же вы не исчезнете, не останетесь без влияния; таких, как вы, после вас явится уже, быть может, шесть, потом двенадцать и так далее, пока, наконец, такие, как вы, не станут большинством. Через двести, триста лет жизнь на земле будет невообразимо прекрасной, изумительной. Челове́ку нужна́ така́я жизнь, и е́сли её нет пока́, то он до́лжен предчу́вствовать её, ждать, мечта́ть, гото́виться к ней, он до́лжен для э́того ви́деть и знать бо́льше, чем ви́дели и зна́ли его́ дед и оте́ц. *(Смеётся.)* А вы жа́луетесь, что зна́ете мно́го ли́шнего.

Ма́ша *(снима́ет шля́пу)*. Я остаю́сь за́втракать.

Ири́на *(со вздо́хом)*. Пра́во, всё э́то сле́довало бы записа́ть...

Андре́я нет, он незаме́тно ушёл.

Ту́зенбах. Че́рез мно́го лет, вы говори́те, жизнь на земле́ бу́дет прекра́сной, изуми́тельной. Это пра́вда. Но, чтобы уча́ствовать в ней тепе́рь, хотя́ и́здали, ну́жно приготовля́ться к ней, ну́жно рабо́тать...

Верши́нин *(встаёт)*. Да. Ско́лько, одна́ко, у вас цвето́в! *(Огля́дываясь.)* И кварти́ра чуде́сная. Зави́дую! А я всю жизнь мою́ болта́лся по кварти́ркам с двумя́ сту́льями, с одни́м дива́ном и с печа́ми, кото́рые всегда́ дымя́т. У меня́ в жи́зни не хвата́ло и́менно вот таки́х цвето́в... *(Потира́ет ру́ки.)* Эх! Ну, да что!

Ту́зенбах. Да, ну́жно рабо́тать. Вы небо́сь ду́маете: расчу́вствовался не́мец. Но я, че́стное сло́во, ру́сский и по-неме́цки да́же не говорю́. Оте́ц у меня́ правосла́вный...

Па́уза.

Верши́нин *(хо́дит по сце́не)*. Я ча́сто ду́маю: что, е́сли бы нача́ть жить сно́ва, прито́м созна́тельно? Если бы одна́ жизнь, кото́рая уже́ прожита́, была́, как говори́тся, на́черно, друга́я — на́чисто! Тогда́ ка́ждый из нас, я ду́маю, постара́лся бы пре́жде всего́ не повторя́ть самого́ себя́, по кра́йней ме́ре со́здал бы для себя́ ину́ю обстано́вку жи́зни, устро́ил бы себе́ таку́ю кварти́ру с цвета́ми, с ма́ссою све́та... У меня́ жена́, дво́е де́вочек, прито́м жена́ да́ма нездоро́вая и так да́лее и так да́лее, ну, а е́сли бы начина́ть жизнь снача́ла, то я не жени́лся бы... Нет, нет!

Вхо́дит Кулы́гин в фо́рменном фра́ке.

Кулы́гин *(подхо́дит к Ири́не)*. Дорога́я сестра́, позво́ль мне поздра́вить тебя́ с днём твоего́ а́нгела и пожела́ть

искренно, от души́, здоро́вья и всего́ того́, что мо́жно по-
жела́ть де́вушке твои́х лет. И пото́м поднести́ тебе́ в пода́-
рок вот э́ту кни́жку. *(Подаёт кни́жку.)* Исто́рия на́шей гимна́-
зии за пятьдеся́т лет, напи́санная мно́ю. Пустя́шная кни́жка,
напи́сана от не́чего де́лать, но ты всё-таки прочти́. Здра́в-
ствуйте, господа́! *(Верши́нину.)* Кулы́гин, учи́тель зде́шней
гимна́зии. Надво́рный сове́тник. *(Ири́не.)* В э́той кни́жке
ты найдёшь спи́сок всех, ко́нчивших курс в на́шей гим-
на́зии за э́ти пятьдеся́т лет. Feci, quod potui, faciant meliora
potentes.[1]
(Целу́ет Ма́шу.)

Ири́на. Но ведь на Па́сху ты уже́ подари́л мне таку́ю
кни́жку.

Кулы́гин *(смеётся)*. Не мо́жет быть! В тако́м слу́чае
отда́й наза́д и́ли вот лу́чше отда́й полко́внику. Возьми́те
полко́вник. Когда́-нибудь прочтёте от ску́ки.

Верши́нин. Благодарю́ вас. *(Собира́ется уйти́.)* Я чрез-
выча́йно рад, что познако́мился...

Ольга. Вы ухо́дите? Нет, нет!

Ири́на. Вы оста́нетесь у нас за́втракать. Пожа́луй-
ста.

Ольга. Прошу́ вас!

Верши́нин *(кла́няется)*. Я, ка́жется, попа́л на име-
ни́ны. Прости́те, я не знал, не поздра́вил вас... *(Ухо́дит
с Ольгой в за́лу.)*

Кулы́гин. Сего́дня, господа́, воскре́сный день, день
о́тдыха, бу́дем же отдыха́ть, бу́дем весели́ться ка́ждый
сообра́зно со свои́м во́зрастом и положе́нием. Ковры́ на́до
бу́дет убра́ть на ле́то и спря́тать до зимы́... Перси́дским по-
рошко́м или нафтали́ном... Ри́мляне бы́ли здоро́вы, потому́-
му́ что уме́ли труди́ться, уме́ли и отдыха́ть, у них была́
mens sana in corpore sano[2]. Жизнь их текла́ по изве́стным
фо́рмам. Наш дире́ктор говори́т: гла́вное во вся́кой жи́зни —
э́то её фо́рма... Что теря́ет свою́ фо́рму, то конча́ется —
и в на́шей обы́денной жи́зни то же са́мое. *(Берёт Ма́шу
за та́лию, смея́сь.)* Ма́ша меня́ лю́бит. Моя́ жена́ меня́
лю́бит. И око́нные занаве́ски то́же туда́ с ковра́ми... Сего́-

---

[1] Сде́лал, что мог, пусть, кто мо́жет, сде́лает лу́чше *(лат.)*.
[2] здоро́вый дух в здоро́вом те́ле *(лат.)*.

дня я весел, в отличном настроении духа. Маша, в четыре часа сегодня мы у директора. Устраивается прогулка педагогов и их семейств.

Маша. Не пойду я.

Кулыгин (огорчённый). Милая Маша, почему?

Маша. После об этом... (Сердито.) Хорошо, я пойду, только отстань, пожалуйста... (Отходит.)

Кулыгин. А затем вечер проведём у директора. Несмотря на своё болезненное состояние, этот человек старается прежде всего быть общественным. Превосходная, светлая личность. Великолепный человек. Вчера, после совета, он мне говорит: «Устал, Фёдор Ильич! Устал!» (Смотрит на стенные часы, потом на свой.) Ваши часы спешат на семь минут. Да, говорит, устал!

За сценой игра на скрипке.

Ольга. Господа, милости просим, пожалуйста завтракать! Пирог!

Кулыгин. Ах, милая моя Ольга, милая моя! Я вчера работал с утра до одиннадцати часов вечера, устал и сегодня чувствую себя счастливым. (Уходит в залу к столу.) Милая моя...

Чебутыкин (кладёт газету в карман, причёсывает бороду). Пирог? Великолепно!

Маша (Чебутыкину строго). Только смотрите: ничего не пить сегодня. Слышите? Вам вредно пить.

Чебутыкин. Эва! У меня уж прошло. Два года, как запоя не было. (Нетерпеливо.) Э, матушка, да не всё ли равно!

Маша. Всё-таки не смейте пить. Не смейте. (Сердито, но так, чтобы не слышал муж.) Опять, чёрт подери, скучать целый вечер у директора!

Тузенбах. Я бы не пошёл на вашем месте... Очень просто.

Чебутыкин. Не ходите, дуся моя.

Маша. Да, не ходите... Эта жизнь проклятая, невыносимая... (Идёт в залу.)

Чебутыкин (идёт за ней). Ну-у!

Солёный (проходя в залу). Цип, цип, цип...

Тузенбах. Довольно, Василий Васильич. Будет!

Солёный. Цип, цип, цип...

Кулыгин (весело). Ваше здоровье, полковник! Я педагог и здесь, в доме, свой человек, Машин муж... Она добрая, очень добрая...

Вершинин. Я выпью вот этой тёмной водки... (Пьёт.) Ваше здоровье! (Ольге.) Мне у вас так хорошо!..

В гостиной остаются только Ирина и Тузенбах.

Ирина. Маша сегодня не в духе. Она вышла замуж восемнадцати лет, когда он казался ей самым умным человеком. А теперь не то. Он самый добрый, но не самый умный.

Ольга (нетерпеливо). Андрей, иди же, наконец!

Андрей (за сценой). Сейчас. (Входит и идёт к столу.)

Тузенбах. О чём вы думаете?

Ирина. Так. Я не люблю и боюсь этого вашего Солёного. Он говорит одни глупости...

Тузенбах. Странный он человек. Мне и жаль его и досадно, но больше жаль. Мне кажется, он застенчив... Когда мы вдвоём с ним, то он бывает очень умён и ласков, а в обществе он грубый человек, бреттёр. Не ходите, пусть пока сядут за стол. Дайте мне побыть около вас. О чём вы думаете?

Пауза.

Вам двадцать лет, мне ещё нет тридцати. Сколько лет нам осталось впереди, длинный, длинный ряд дней, полных моей любви к вам...

Ирина. Николай Львович, не говорите мне о любви.

Тузенбах (не слушая). У меня страстная жажда жизни, борьбы, труда, и эта жажда в душе слилась с любовью к вам, Ирина, и, как нарочно, вы прекрасны, и жизнь мне кажется такой прекрасной! О чём вы думаете?

Ирина. Вы говорите: прекрасна жизнь. Да, но если она только кажется такой! У нас, трёх сестёр, жизнь не была ещё прекрасной, она заглушала нас, как сорная трава... Текут у меня слёзы. Это не нужно... (Быстро вытирает лицо, улыбается.) Работать нужно, работать. Оттого нам невесело и смотрим мы на жизнь так мрачно, что не знаем труда. Мы родились от людей, презиравших труд...

Ната́лья Ива́новна вхо́дит; она в ро́зовом пла́тье, с зелёным по́ясом.

Ната́ша. Там уже́ за́втракать садя́тся... Я опозда́ла... *(Ме́льком гляди́тся в зе́ркало, поправля́ется.)* Ка́жется, причёсана ничего́ себе́... *(Уви́дев Ири́ну.)* Ми́лая Ири́на Серге́евна, поздравля́ю вас! *(Целу́ет кре́пко и продолжи́тельно.)* У вас мно́го госте́й, мне, пра́во, со́вестно... Здра́вствуйте, баро́н!

Ольга *(входя́ в гости́ную)*. Ну, вот и Ната́лия Ива́новна. Здра́вствуйте, моя́ ми́лая!

Целу́ются.

Ната́ша. С имени́нницей. У вас тако́е большо́е о́бщество, я смущена́ ужа́сно...

Ольга. По́лно, у нас все свои́. *(Вполго́лоса испу́ганно.)* На вас зелёный по́яс! Ми́лая, э́то нехорошо́!

Ната́ша. Ра́зве есть приме́та?

Ольга. Нет, про́сто не идёт... и ка́к-то стра́нно...

Ната́ша *(пла́чущим го́лосом)*. Да? Но ведь э́то не зелёный, а скоре́е ма́товый. *(Идёт за Ольгой в за́лу.)*

В за́ле садя́тся за́втракать; в гости́ной ни души́.

Кулы́гин. Жела́ю тебе́, Ири́на, жениха́ хоро́шего. Пора́ тебе́ уж выходи́ть.

Чебуты́кин. Ната́лья Ива́новна, и вам женишка́ жела́ю.

Кулы́гин. У Ната́льи Ива́новны уже́ есть женишо́к.

Ма́ша. Вы́пью рю́мочку винца́! Эх-ма, жизнь мали́новая, где на́ша не пропада́ла!

Кулы́гин. Ты веде́шь себя́ на́ три с ми́нусом.

Верши́нин. А нали́вка вку́сная. На чём э́то насто́ено?

Солёный. На тарака́нах.

Ири́на *(пла́чущим го́лосом)*. Фу! Фу! Како́е отвраще́ние!..

Ольга. За у́жином бу́дет жа́реная инде́йка и сла́дкий пиро́г с я́блоками. Сла́ва Бо́гу, сего́дня це́лый день я до́ма, ве́чером — до́ма... Господа́, ве́чером приходи́те...

Верши́нин. Позво́льте и мне прийти́ ве́чером!

Ири́на. Пожа́луйста.

Ната́ша. У них по́просту.

Чебуты́кин. Для любви́ одно́й приро́да нас на свет произвела́. *(Смеётся.)*

Андре́й *(серди́то)*. Переста́ньте, господа́! Не надое́ло вам?

Федо́тик и Роде́ вхо́дят с большо́й корзи́ной цвето́в.

Федо́тик. Одна́ко уже́ за́втракают.

Роде́ *(гро́мко и карта́вя)*. За́втракают? Да, уже́ за́втракают...

Федо́тик. Погоди́ мину́тку! *(Снима́ет фотогра́фию.)* Раз! Погоди́ ещё немно́го... *(Снима́ет другу́ю фотогра́фию.)* Два! Тепе́рь гото́во!

Беру́т корзи́ну и иду́т в за́лу, где их встреча́ют с шу́мом.

Роде́ *(гро́мко)*. Поздравля́ю, жела́ю всего́, всего́! Пого́да сего́дня очарова́тельная, одно́ великоле́пие. Сего́дня всё у́тро гуля́л с гимнази́стами. Я преподаю́ в гимна́зии гимна́стику...

Федо́тик. Мо́жете дви́гаться, Ири́на Серге́евна, мо́жете! *(Снима́я фотогра́фию.)* Вы сего́дня замеча́тельно интере́сны. *(Вынима́ет из карма́на волчо́к.)* Вот, ме́жду про́чим, волчо́к... Удиви́тельный звук...

Ири́на. Кака́я пре́лесть!

Ма́ша. У лукомо́рья дуб зелёный, злата́я цепь на ду́бе том... Злата́я цепь на ду́бе том... *(Пла́ксиво.)* Ну, заче́м я э́то говорю́? Привяза́лась ко мне э́та фра́за с са́мого утра́...

Кулы́гин. Трина́дцать за столо́м!

Роде́ *(гро́мко)*. Господа́, неуже́ли вы придаёте значе́ние предрассу́дкам?

Смех.

Кулы́гин. Если трина́дцать за столо́м, то, зна́чит, есть тут влюблённые. Уж не вы ли, Ива́н Рома́нович, чего́ до́брого...

Смех.

Чебуты́кин. Я ста́рый гре́шник, а вот отчего́ Ната́лья Ива́новна сконфу́зилась, реши́тельно поня́ть не могу́.

Громкий смех; Наташа выбегает из залы в гостиную, за ней Андрей.

Андрей. По́лно, не обраща́йте внима́ния! Погоди́те... посто́йте, прошу́ вас...

Наташа. Мне сты́дно... Я не зна́ю, что со мной де́лается, а они́ поднима́ют меня́ на́ смех. То, что я сейча́с вы́шла из-за стола́, неприли́чно, но я не могу́... не могу́... *(Закрыва́ет лицо́ рука́ми.)*

Андрей. Дорога́я моя́, прошу́ вас, умоля́ю, не волну́йтесь. Уверя́ю вас, они́ шу́тят, они́ от до́брого се́рдца. Дорога́я моя́, моя́ хоро́шая, они́ все до́брые, серде́чные лю́ди и лю́бят меня́ и вас. Иди́те сюда́ к окну́, нас здесь не ви́дно им... *(Огля́дывается.)*

Наташа. Я так не привы́кла быва́ть в о́бществе!..

Андрей. О мо́лодость, чу́дная, прекра́сная мо́лодость! Моя́ дорога́я, моя́ хоро́шая, не волну́йтесь так!.. Ве́рьте мне, ве́рьте... Мне так хорошо́, душа́ полна́ любви́, восто́рга... О, нас не ви́дят! Не ви́дят! За что, за что я полюби́л вас, когда́ полюби́л — о, ничего́ не понима́ю. Дорога́я моя́, хоро́шая, чи́стая, бу́дьте мое́й жено́й! Я вас люблю́, люблю́... как никого́ никогда́...

Поцелу́й.
Два офице́ра вхо́дят и, уви́дев целу́ющуюся па́ру, остана́вливаются в изумле́нии.

За́навес

ДЕ́ЙСТВИЕ ВТОРО́Е

Декора́ция пе́рвого а́кта.
Во́семь часо́в ве́чера. За сце́ной на у́лице едва́ слы́шно игра́ют на гармо́нике. Нет огня́. Вхо́дит Ната́лья Ива́новна в капо́те, со свечо́й; она́ идёт и остана́вливается у две́ри, кото́рая ведёт в ко́мнату Андре́я.

Наташа. Ты, Андрю́ша, что де́лаешь? Чита́ешь? Ничего́, я так то́лько... *(Идёт, отворя́ет другу́ю дверь и, загляну́в в неё, затворя́ет.)* Огня́ нет ли...

Андрей *(вхо́дит с кни́гой в руке́)*. Ты что, Ната́ша?

Наташа. Смотрю́, огня́ нет ли... Тепе́рь ма́сленица, прислу́га сама́ не своя́, гляди́ да и гляди́, чтоб чего́ не

30

вы́шло. Вчера́ в по́лночь прохожу́ че́рез столо́вую, а там свеча́ гори́т. Кто зажёг, так и не доби́лась то́лку. *(Ста́вит свечу́.)* Кото́рый час?

А н д р е́ й *(взгляну́в на часы́).* Девя́того че́тверть.

Н а т а́ ш а. А Ольги и Ири́ны до сих пор ещё нет. Не пришли́. Всё тру́дятся, бедня́жки. Ольга на педагоги́ческом сове́те, Ири́на на телегра́фе... *(Вздыха́ет.)* Сего́дня у́тром говорю́ твое́й сестре́: «Побереги́, говорю́, себя́, Ири́на, голу́бчик». И не слу́шает. Че́тверть девя́того, говори́шь? Я бою́сь, Бо́бик наш совсе́м нездоро́в. Отчего́ он холо́дный тако́й? Вчера́ у него́ был жар, а сего́дня холо́дный весь... Я так бою́сь!

А н д р е́ й. Ничего́, Ната́ша. Ма́льчик здоро́в.

Н а т а́ ш а. Но всё-таки лу́чше пуска́й дие́та. Я бою́сь. И сего́дня в деся́том часу́, говори́ли, ря́женые у нас бу́дут, лу́чше бы они́ не приходи́ли, Андрю́ша.

А н д р е́ й. Пра́во, я не зна́ю. Их ведь зва́ли.

Н а т а́ ш а. Сего́дня мальчи́шечка просну́лся у́тром и гляди́т на меня́, и вдруг улыбну́лся: зна́чит, узна́л. «Бо́бик, говорю́, здра́вствуй! Здра́вствуй, ми́лый!» А он смеётся. Де́ти понима́ют, отли́чно понима́ют. Так, зна́чит, Андрю́ша, я скажу́, чтобы ря́женых не принима́ли.

А н д р е́ й *(нереши́тельно).* Да ведь э́то как сёстры. Они́ тут хозя́йки.

Н а т а́ ш а. И они́ то́же, я им скажу́. Они́ до́брые... *(Идёт.)* К у́жину я веле́ла простоква́ши. До́ктор гово́рит, тебе́ ну́жно одну́ простоква́шу есть, ина́че не похуде́ешь. *(Остана́вливается.)* Бо́бик холо́дный. Я бою́сь, ему́ хо́лодно в его́ ко́мнате, пожа́луй. На́до бы хоть до тёплой пого́ды помести́ть его́ в друго́й ко́мнате. Наприме́р, у Ири́ны ко́мната как раз для ребёнка: и су́хо, и це́лый день со́лнце. На́до ей сказа́ть, она́ пока́ мо́жет с Ольгой в одно́й ко́мнате... Всё равно́ днём до́ма не быва́ет, то́лько ночу́ет...

Па́уза.

Андрюша́нчик, отчего́ ты молчи́шь?

А н д р е́ й. Так, заду́мался... Да и не́чего говори́ть...

Н а т а́ ш а. Да... что́-то я хоте́ла тебе́ сказа́ть... Ах, да, там из упра́вы Ферапо́нт пришёл, тебя́ спра́шивает.

А н д р е́ й *(зева́ет).* Позови́ его́.

Ната́ша ухо́дит; Андре́й, нагну́вшись к забы́той е́ю свече́, чита́ет кни́гу.
Вхо́дит Ф е р а п о́ н т; он в ста́ром трёпаном пальто́, с по́днятым ворот-
ником, у́ши повя́заны.

Здра́вствуй, душа́ моя́. Что ска́жешь?

Ф е р а п о́ н т. Председа́тель присла́л кни́жку и бума́гу
каку́ю-то. Вот… *(Подаёт кни́гу и паке́т.)*

А н д р е́ й. Спаси́бо. Хорошо́. Отчего́ же ты пришёл
так не ра́но? Ведь девя́тый час уже́.

Ф е р а п о́ н т. Чего́?

А н д р е́ й *(гро́мче)*. Я говорю́, по́здно пришёл, уже́ девя́т-
тый час.

Ф е р а п о́ н т. Так то́чно. Я пришёл к вам, ещё светло́
бы́ло, да не пуска́ли всё. Ба́рин, говоря́т, за́нят. Ну, что ж.
За́нят, так за́нят, спеши́ть не́куда. *(Ду́мая, что Андре́й
спра́шивает его́ о чём-то.)* Чего́?

А н д р е́ й. Ничего́. *(Рассма́тривая кни́гу.)* За́втра пя́т-
ница, у нас нет прису́тствия, но я всё равно́ приду́…
займу́сь. До́ма ску́чно…

Па́уза.

Ми́лый дед, как стра́нно меня́ется, как обма́нывает
жизнь! Сего́дня от ску́ки, от не́чего де́лать, я взял в
ру́ки вот э́ту кни́гу — ста́рые университе́тские ле́кции,
и мне ста́ло смешно́… Бо́же мой, я секрета́рь зе́мской
упра́вы, той упра́вы, где председа́тельствует Протопо́-
пов, я секрета́рь, и са́мое бо́льшее, на что я могу́ на-
де́яться, — э́то быть чле́ном зе́мской упра́вы! Мне быть
чле́ном зде́шней зе́мской упра́вы, мне, кото́рому сни́тся
ка́ждую ночь, что я профе́ссор Моско́вского университе́-
та, знамени́тый учёный, кото́рым горди́тся ру́сская
земля́!

Ф е р а п о́ н т. Не могу́ знать… Слы́шу-то пло́хо…

А н д р е́ й. Е́сли бы ты слы́шал как сле́дует, то я,
быть мо́жет, и не говори́л бы с тобо́й. Мне ну́жно гово-
ри́ть с кем-нибудь, а жена́ меня́ не понима́ет, сестёр я бою́сь
почему́-то, бою́сь, что они́ засмею́т меня́, застыдя́т…
Я не пью, тракти́ров не люблю́, но с каки́м удово́льствием
я посиде́л бы тепе́рь в Москве́ у Те́стова и́ли в Большо́м
Моско́вском, голу́бчик мой.

Ф е р а п о́ н т. А в Москве́, в упра́ве да́веча расска́-

зывал подрядчик, какие-то купцы́ ели блины́; один, кото́рый съел со́рок блино́в, будто по́мер. Не то со́рок, не то пятьдеся́т. Не упо́мню.

А н д р е́ й. Сиди́шь в Москве́, в грома́дной за́ле рестора́на, никого́ не зна́ешь, и тебя́ никто́ не зна́ет, и в то же вре́мя не чу́вствуешь себя́ чужи́м. А здесь ты всех зна́ешь и тебя́ все зна́ют, но чужо́й, чужо́й... Чужо́й и одино́кий.

Ф е р а п о́ н т. Чего́?

Па́уза.

И тот же подря́дчик ска́зывал — мо́жет, и врёт, — бу́дто поперёк всей Москвы́ кана́т протя́нут.

А н д р е́ й. Для чего́?

Ф е р а п о́ н т. Не могу́ знать. Подря́дчик говори́л.

А н д р е́ й. Чепуха́. (Чита́ет кни́гу.) Ты был когда́-нибудь в Москве́?

Ф е р а п о́ н т (по́сле па́узы). Не́ был. Не привёл Бог.

Па́уза.

Мне идти́?

А н д р е́ й. Мо́жешь идти́. Будь здоро́в.

Ферапо́нт ухо́дит.

Будь здоро́в. (Чита́я.) За́втра у́тром придёшь, возьмёшь тут бума́ги... Ступа́й...

Па́уза.

Он ушёл.

Звоно́к.

Да, дела́... (Потя́гивается и не спеша́ ухо́дит к себе́.)

За сце́ной поёт ня́нька, ука́чивая ребёнка. Вхо́дят Ма́ша и Верши́нин. Пока́ они́ бесе́дуют, го́рничная зажига́ет ла́мпу и све́чи.

Ма́ша. Не зна́ю.

Па́уза.

Не зна́ю. Коне́чно, мно́го зна́чит привы́чка. По́сле сме́рти отца́, наприме́р, мы до́лго не могли́ привы́кнуть к тому́, что у нас уже́ нет денщико́в. Но и поми́мо привы́чки, мне ка́жется, говори́т во мне про́сто справедли́вость. Мо́жет быть, в други́х места́х и не так, но в на́шем го́роде са́мые порядочные, самые благородные и воспитанные люди — это военные.

Вершинин. Мне пить хочется. Я бы выпил чаю.

Маша *(взглянув на часы)*. Скоро дадут. Меня выдали замуж, когда мне было восемнадцать лет, и я своего мужа боялась, потому что он был учителем, а я тогда едва кончила курс. Он казался мне тогда ужасно учёным, умным и важным. А теперь уж не то, к сожалению.

Вершинин. Так... да.

Маша. Про мужа я не говорю, к нему я привыкла, но между штатскими вообще так много людей грубых, не любезных, не воспитанных. Меня волнует, оскорбляет грубость, я страдаю, когда вижу, что человек недостаточно тонок, недостаточно мягок, любезен. Когда мне случается быть среди учителей, товарищей мужа, то я просто страдаю.

Вершинин. Да-с... Но мне кажется, всё равно, что штатский, что военный, одинаково интересно, по крайней мере в этом городе. Всё равно! Если послушать здешнего интеллигента, штатского или военного, то с женой он замучился, с домом замучился, с имением замучился, с лошадьми замучился... Русскому человеку в высшей степени свойствен возвышенный образ мыслей, но скажите, почему в жизни он хватает так невысоко? Почему?

Маша. Почему?

Вершинин. Почему он с детьми замучился, с женой замучился? А почему жена и дети с ним замучились?

Маша. Вы сегодня немножко не в духе.

Вершинин. Может быть. Я сегодня не обедал, ничего не ел с утра. У меня дочь больна немножко, а когда болеют мои девочки, то мною овладевает тревога, меня мучает совесть за то, что у них такая мать. О, если бы вы видели её сегодня! Что за ничтожество! Мы начали браниться с семи часов утра, а в девять я хлопнул дверью и ушёл.

Пауза.

Я никогда не говорю об этом, и странно, жалуюсь только вам одной. *(Целует руку).* Не сердитесь на меня. Кроме вас одной, у меня нет никого, никого...

34

Мáша. Какóй шум в пéчке. У нас незадóлго до смéрти отцá гудéло в трубé. Вот тóчно так.

Вершѝнин. Вы с предрассýдками?

Мáша. Да.

Вершѝнин. Стрáнно э́то. *(Целýет рýку.)* Вы великолéпная, чýдная жéнщина. Великолéпная, чýдная! Здесь темнó, но я вѝжу блеск вáших глаз.

Мáша *(садѝтся на другóй стул)*. Здесь светлéй...

Вершѝнин. Я люблю́, люблю́, люблю́... Люблю́ вáши глазá, вáши движéния, котóрые мне сня́тся... Великолéпная, чýдная жéнщина!

Мáша *(тѝхо смея́сь)*. Когдá вы говорѝте со мной так, то я почемý-то смею́сь, хотя́ мне стрáшно. Не повторя́йте, прошý вас... *(Вполгóлоса.)* А впрóчем, говорѝте, мне всё равнó... *(Закрывáет лицó рукáми.)* Мне всё равнó. Сюдá идýт, говорѝте о чём-нибудь другóм...

Ирѝна и Тýзенбах вхóдят чéрез зáлу.

Тýзенбах. У меня́ тройнáя фамѝлия. Меня́ зовýт барóн Тýзенбах-Крóне-Альтшауер, но я рýсский, правослáвный, как вы. Немéцкого у меня́ остáлось мáло, рáзве тóлько терпелѝвость, упря́мство, с какѝм я надоедáю вам. Я провожáю вас кáждый вéчер.

Ирѝна. Как я устáла!

Тýзенбах. И кáждый день бýду приходѝть на телегрáф и провожáть вас домóй, бýду дéсять — двáдцать лет, покá вы не прогóните... *(Увѝдев Мáшу и Вершѝнина, рáдостно.)* Это вы? Здрáвствуйте.

Ирѝна. Вот я и дóма, наконéц. *(Мáше)*. Сейчáс прихóдит однá дáма, телеграфѝрует своемý брáту в Сарáтов, что у ней сегóдня сын ýмер, и никáк не мóжет вспóмнить áдреса. Так и послáла без áдреса, прóсто в Сарáтов. Плáчет. И я ей нагрубѝла ни с тогó ни с сегó. «Мне, говорю́, нéкогда». Так глýпо вы́шло. Сегóдня у нас ря́женые?

Мáша. Да.

Ирѝна *(садѝтся в крéсло)*. Отдохнýть. Устáла.

Тýзенбах *(с улы́бкой)*. Когдá вы прихóдите с дóлжности, то кáжетесь такóй мáленькой, несчáстненькой...

Ири́на. Уста́ла. Нет, не люблю́ я телегра́фа, не люблю́.

Ма́ша. Ты похуде́ла... *(Насви́стывает).* И помолоде́ла и на мальчи́шку ста́ла похо́жа лицо́м...

Ту́зенбах. Это от причёски.

Ири́на. На́до поиска́ть другу́ю до́лжность, а э́та не по мне. Чего́ я так хоте́ла, о чём мечта́ла, того́-то в ней и́менно и нет. Труд без поэ́зии, без мы́слей...

Стук в пол.

До́ктор стучи́т. *(Ту́зенбаху.)* Ми́лый, постучи́те... Я не могу́... уста́ла...

Ту́зенбах стучи́т в пол.

Сейча́с придёт. На́до бы приня́ть каки́е-нибудь ме́ры. Вчера́ до́ктор и наш Андре́й бы́ли в клу́бе и опя́ть проигра́лись. Говоря́т, Андре́й две́сти рубле́й проигра́л.

Ма́ша *(равноду́шно).* Что ж тепе́рь де́лать!

Ири́на. Две неде́ли наза́д проигра́л, в декабре́ проигра́л. Скоре́е бы всё проигра́л, быть мо́жет, уе́хали бы из э́того го́рода. Го́споди Бо́же мой, мне Москва́ сни́тся ка́ждую ночь, я совсе́м как поме́шанная. *(Смеётся.)* Мы переезжа́ем туда́ в ию́не, а до ию́ня оста́лось ещё... февра́ль, март, апре́ль, май... почти́ полго́да!

Ма́ша. На́до то́лько, что́бы Ната́ша не узна́ла ка́к-нибудь о про́игрыше.

Ири́на. Ей, я ду́маю, всё равно́.

Чебуты́кин, то́лько что вста́вший с посте́ли, — он отдыха́л по́сле обе́да, — вхо́дит в за́лу и причёсывает бо́роду, пото́м сади́тся за стол и вынима́ет из карма́на газе́ту.

Ма́ша. Вот пришёл... Он заплати́л за кварти́ру?

Ири́на *(смеётся).* Нет. За во́семь ме́сяцев ни копе́ечки. Очеви́дно, забы́л.

Ма́ша *(смеётся).* Как он ва́жно сиди́т!

Всё смею́тся; па́уза.

Ири́на. Что вы молчи́те, Алекса́ндр Игна́тьич?

Верши́нин. Не зна́ю. Ча́ю хо́чется. Полжи́зни за стака́н ча́ю! С утра́ ничего́ не ел...

Чебуты́кин. Ири́на Серге́евна!

Ири́на. Что вам?

Чебуты́кин. Пожа́луйте сюда́. Venez ici[1].

Ири́на идёт и сади́тся за стол.

Я без вас не могу́.

Ири́на раскла́дывает пасья́нс.

Верши́нин. Что ж? Е́сли не даю́т ча́ю, то дава́йте хоть пофилосо́фствуем.

Ту́зенбах. Дава́йте. О чём?

Верши́нин. О чём? Дава́йте помечта́ем... наприме́р, о той жи́зни, кака́я бу́дет по́сле нас, лет че́рез две́сти — три́ста.

Ту́зенбах. Что ж? По́сле нас бу́дут лета́ть на возду́шных шара́х, изме́нятся пиджаки́, откро́ют, быть мо́жет, шесто́е чу́вство и разовью́т его́, но жизнь оста́нется всё та же, жизнь тру́дная, по́лная тайн и счастли́вая. И че́рез ты́сячу лет челове́к бу́дет так же вздыха́ть: «ах, тя́жко жить!» — и вме́сте с тем то́чно так же, как тепе́рь, он бу́дет боя́ться и не хоте́ть сме́рти.

Верши́нин *(поду́мав).* Как вам сказа́ть? Мне ка́жется, всё на земле́ должно́ измени́ться ма́ло-пома́лу и уже́ меня́ется на на́ших глаза́х. Че́рез две́сти — три́ста, наконе́ц ты́сячу лет, — де́ло не в сро́ке, — наста́нет но́вая счастли́вая жизнь. Уча́ствовать в э́той жи́зни мы не бу́дем, коне́чно, но мы для неё живём тепе́рь, рабо́таем, ну, страда́ем, мы твори́м её — и в э́том одно́м цель на́шего бытия́ и, е́сли хоти́те, на́ше сча́стье.

Ма́ша ти́хо смеётся.

Ту́зенбах. Что вы?

Ма́ша. Не зна́ю. Сего́дня весь день смею́сь с утра́.

Верши́нин. Я ко́нчил там же, где и вы, в акаде́мии я не́ был; чита́ю я мно́го, но выбира́ть книг не уме́ю и чита́ю, быть мо́жет, совсе́м не то, что ну́жно, а ме́жду тем чем бо́льше живу́, тем бо́льше хочу́ знать. Мои́ во́лосы седе́ют, я почти́ стари́к уже́, но зна́ю ма́ло, ах, как ма́ло! Но всё

---

[1] Иди́те сюда́ *(фра́нц.).*

же, мне кажется, самое главное и настоящее я знаю, крепко знаю. И как бы мне хотелось доказать вам, что счастья нет, не должно быть и не будет для нас... Мы должны только работать и работать, а счастье — это удел наших далёких потомков.

Пауза.

Не я, то хоть потомки потомков моих.

Федотик и **Родэ** показываются в зале; они садятся и напевают тихо, наигрывая на гитаре.

Тузенбах. По-вашему, даже не мечтать о счастье! Но если я счастлив!

Вершинин. Нет.

Тузенбах *(всплеснув руками и смеясь).* Очевидно, мы не понимаем друг друга. Ну, как мне убедить вас?

Маша тихо смеётся.

(Показывая ей палец.) Смейтесь! *(Вершинину.)* Не то что через двести или триста, но и через миллион лет жизнь останется такою же, как и была; она не меняется, остаётся постоянною, следуя своим собственным законам, до которых вам нет дела или по крайней мере которых вы никогда не узнаете. Перелётные птицы, журавли, например, летят и летят, и какие бы мысли, высокие или малые, ни бродили в их головах, всё же будут лететь и не знать, зачем и куда. Они летят и будут лететь, какие бы философы ни завелись среди них; и пускай философствуют, как хотят, лишь бы летели...

Маша. Всё-таки смысл?

Тузенбах. Смысл... Вот снег идёт. Какой смысл?

Пауза.

Маша. Мне кажется, человек должен быть верующим или должен искать веры, иначе жизнь его пуста, пуста... Жить и не знать, для чего журавли летят, для чего дети родятся, для чего звёзды на небе... Или знать, для чего живёшь, или же всё пустяки, трын-трава.

Пауза.

Вершинин. Всё-таки жалко, что молодость прошла...

38

Ма́ша. У Го́голя ска́зано: ску́чно жить на э́том све́те, господа́!

Ту́зенбах. А я скажу́: тру́дно с ва́ми спо́рить, господа́! Ну вас совсе́м...

Чебуты́кин *(чита́я газе́ту).* Бальза́к венча́лся в Берди́чеве.

Ири́на напева́ет ти́хо.

Да́же запишу́ себе́ э́то в кни́жку. *(Запи́сывает.)* Бальза́к венча́лся в Берди́чеве. *(Чита́ет газе́ту.)*

Ири́на *(раскла́дывает пасья́нс, заду́мчиво).* Бальза́к венча́лся в Берди́чеве.

Ту́зенбах. Жре́бий бро́шен. Вы зна́ете, Мари́я Серге́евна, я подаю́ в отста́вку.

Ма́ша. Слы́шала. И ничего́ я не ви́жу в э́том хоро́шего. Не люблю́ я шта́тских.

Ту́зенбах. Всё равно́... *(Встаёт.)* Я некраси́в, како́й я вое́нный? Ну, да всё равно́, впро́чем... Бу́ду рабо́тать. Хоть оди́н день в мое́й жи́зни порабо́тать так, чтобы прийти́ ве́чером домо́й, в утомле́нии повали́ться в посте́ль и усну́ть то́тчас же. *(Уходя́ в за́лу.)* Рабо́чие, должно́ быть, спят кре́пко!

Федо́тик *(Ири́не).* Сейча́с на Моско́вской у Пы́жикова купи́л для вас цветны́х карандаше́й. И вот э́тот но́жичек...

Ири́на. Вы привы́кли обраща́ться со мной, как с ма́ленькой, но ведь я уже́ вы́росла... *(Берёт каранда́ши и но́жичек, ра́достно.)* Кака́я пре́лесть!

Федо́тик. А для себя́ я купи́л но́жик... вот погляди́те... нож, ещё друго́й нож, тре́тий, э́то в уша́х ковыря́ть, э́то но́жнички, э́то но́гти чи́стить...

Родэ́ *(гро́мко).* До́ктор, ско́лько вам лет?

Чебуты́кин. Мне? Три́дцать два.

Смех.

Федо́тик. Я сейча́с покажу́ вам друго́й пасья́нс... *(Раскла́дывает пасья́нс).*

Подаю́т самова́р; Анфи́са о́коло самова́ра; немно́го погодя́ прихо́дит Ната́ша и то́же суети́тся о́коло стола́; прихо́дит Солёный и, поздоро́вавшись, сади́тся за стол.

Верши́нин. Одна́ко како́й ве́тер!

Маша. Да. Надоела зима. Я уже и забыла, какое лето.

Ирина. Выйдет пасьянс, я вижу. Будем в Москве.

Федотик. Нет, не выйдет. Видите, осьмёрка легла на двойку пик. *(Смеётся)*. Значит, вы не будете в Москве.

Чебутыкин *(читает газету)*. Цицикар. Здесь свирепствует оспа.

Анфиса *(подходя к Маше)*. Маша, чай кушать, матушка. *(Вершинину.)* Пожалуйте, ваше высокоблагородие.. простите, батюшка, забыла имя, отчество...

Маша. Принеси сюда, няня. Туда не пойду.

Ирина. Няня!

Анфиса. Иду-у!

Наташа *(Солёному)*. Грудные дети прекрасно понимают. «Здравствуй, говорю, Бобик. Здравствуй, милый!» Он взглянул на меня как-то особенно. Вы думаете, во мне говорит только мать, но нет, нет, уверяю вас! Это необыкновенный ребёнок.

Солёный. Если бы этот ребёнок был мой, то я изжарил бы его на сковородке и съел бы. *(Идёт со стаканом в гостиную и садится в угол.)*

Наташа *(закрыв лицо руками)*. Грубый, невоспитанный человек!

Маша. Счастлив тот, кто не замечает, лето теперь или зима. Мне кажется, если бы я была в Москве, то относилась бы равнодушно к погоде...

Вершинин. На днях я читал дневник одного французского министра, писанный в тюрьме. Министр был осуждён за Панаму. С каким упоением, восторгом упоминает он о птицах, которых видит в тюремном окне и которых не замечал раньше, когда был министром. Теперь, конечно, когда он выпущен на свободу, он уже попрежнему не замечает птиц. Так же и вы не будете замечать Москвы, когда будете жить в ней. Счастья у нас нет и не бывает, мы только желаем его.

Тузенбах *(берёт со стола коробку)*. Где же конфеты?

Ирина. Солёный съел.

Тузенбах. Все?

Анфиса *(подавая чай)*. Вам письмо, батюшка.

Вершинин. Мне? *(Берёт письмо.)* От дочери. *(Читает.)*

Да, коне́чно... Я, извини́те, Ма́рия Серге́евна, уйду́ потихо́ньку. Ча́ю не бу́ду пить. *(Встаёт, взволно́ванный.)* Ве́чно э́ти исто́рии...

Ма́ша. Что тако́е? Не секре́т?

Верши́нин *(ти́хо)*. Жена́ опя́ть отрави́лась. На́до идти́. Я пройду́ незаме́тно. Ужа́сно неприя́тно всё э́то. *(Целу́ет Ма́ше ру́ку.)* Ми́лая моя́, сла́вная, хоро́шая же́нщина... Я здесь пройду́ потихо́ньку... *(Ухо́дит.)*

Анфи́са. Куда́ же он? А я чай подала́... Эко́й како́й.

Ма́ша *(рассерди́вшись)*. Отста́нь! Пристаёшь тут, поко́я от тебя́ нет... *(Идёт с ча́шкой к столу́.)* Надое́ла ты мне, ста́рая!

Анфи́са. Что ж ты обижа́ешься? Ми́лая!

Го́лос Андре́я: «Анфи́са!»

Анфи́са *(дра́знит)*. Анфи́са! Сиди́т там... *(Ухо́дит.)*

Ма́ша *(в за́ле у стола́, серди́то)*. Да́йте же мне сесть! *(Меша́ет на столе́ ка́рты.)* Рассе́лись тут с ка́ртами. Пе́йте чай!

Ири́на. Ты, Ма́шка, зла́я.

Ма́ша. Раз я зла́я, не говори́те со мной. Не тро́гайте меня́!

Чебуты́кин *(смея́сь)*. Не тро́гайте её, не тро́гайте...

Ма́ша. Вам шестьдеся́т лет, а вы, как мальчи́шка, всегда́ горо́дите чёрт зна́ет что.

Ната́ша *(вздыха́ет)*. Ми́лая Ма́ша, к чему́ употребля́ть в разгово́ре таки́е выраже́ния? При твое́й прекра́сной нару́жности в прили́чном све́тском о́бществе ты, я тебе́ пря́мо скажу́, была́ бы про́сто очарова́тельна, е́сли бы не э́ти твои́ слова́. Je vous prie pardonnez moi, Marie, mais vous avez des manières un peu grossières[1].

Ту́зенбах *(сде́рживая смех)*. Да́йте мне... да́йте мне... Там, ка́жется, конья́к...

Ната́ша. Il parait, que mon Бо́бик déjà ne dort pas[2], просну́лся. Он у меня́ сего́дня нездоро́в. Я пойду́ к нему́, прости́те... *(Ухо́дит.)*

---

[1] Прошу́ извини́ть меня́, Мари́, но у вас не́сколько гру́бые мане́ры *(франц.)*.

[2] Ка́жется, мой Бо́бик уже́ не спит *(франц.)*.

Ирина. А куда ушёл Алекса́ндр Игна́тьич?

Ма́ша. Домо́й. У него́ опя́ть с жено́й что́-то необы-ча́йное.

Ту́зенбах *(идёт к Солёному, в рука́х графи́нчик с коньяко́м).* Всё вы сиди́те оди́н, о чём-то ду́маете — и не поймёшь, о чём. Ну, дава́йте мири́ться. Дава́йте вы́пьем коньяку́.

Пьют.

Сего́дня мне придётся игра́ть на пиани́но всю ночь, вероя́тно, игра́ть вся́кий вздор... Куда́ ни шло!

Солёный. Почему́ мири́ться? Я с ва́ми не ссо́рился.

Ту́зенбах. Всегда́ вы возбужда́ете тако́е чу́вство, как бу́дто ме́жду на́ми что́-то произошло́. У вас хара́ктер стра́нный, на́до созна́ться.

Солёный *(деклами́руя).* Я стра́нен, не стра́нен кто ж! Не серди́сь, Алéко!

Ту́зенбах. И при чём тут Алéко...

Па́уза.

Солёный. Когда́ я вдвоём с ке́м-нибудь, то ничего́, я как все, но в о́бществе я уны́л, засте́нчив и... говорю́ вся́кий вздор. Но всё-таки я честне́е и благоро́днее о́чень, о́чень мно́гих. И могу́ э́то доказа́ть.

Ту́зенбах. Я ча́сто сержу́сь на вас, вы постоя́нно придира́етесь ко мне, когда́ мы быва́ем в о́бществе, но всё же вы мне симпати́чны почему́-то. Куда́ ни шло, напью́сь сего́дня. Вы́пьем!

Солёный. Вы́пьем.

Пьют.

Я про́тив вас, баро́н, никогда́ ничего́ не име́л. Но у меня́ хара́ктер Ле́рмонтова. *(Ти́хо.)* Я да́же немно́жко похо́ж на Ле́рмонтова... как говоря́т... *(Достаёт из карма́на флако́н с духа́ми и льёт на́ руки.)*

Ту́зенбах. Подаю́ в отста́вку. Ба́ста! Пять лет всё разду́мывал и, наконе́ц, реши́л. Бу́ду рабо́тать.

Солёный *(деклами́руя).* Не серди́сь. Алéко... Забу́дь, забу́дь мечта́ния свои́...

Пока́ они́ говоря́т, Андре́й вхо́дит с кни́гой ти́хо и сади́тся у свечи́.

42

Тузенбах. Бу́ду рабо́тать...

Чебуты́кин *(идя́ в гости́ную с Ири́ной)*. И угоще́ние бы́ло то́же настоя́щее кавка́зское: суп с лу́ком, а на жарко́е — чехартма́, мясно́е.

Солёный. Черемша́ во́все не мя́со, а расте́ние вро́де на́шего лу́ка.

Чебуты́кин. Нет-с, а́нгел мой. Чехартма́ не лук, а жарко́е из бара́нины.

Солёный. А я вам говорю́, черемша́ — лук.

Чебуты́кин. А я бам говорю́, чехартма́ — бара́нина.

Солёный. А я вам говорю́, черемша́ — лук.

Чебуты́кин. Что же я бу́ду с ва́ми спо́рить. Вы никогда́ не́ бы́ли на Кавка́зе и не е́ли чехартмы́.

Солёный. Не ел, потому́ что терпе́ть не могу́. От черемши́ тако́й же за́пах, как от чеснока́.

Андре́й *(умоля́юще)*. Дово́льно, господа́! Прошу́ вас!

Тузенбах. Когда́ приду́т ря́женые?

Ири́на. Обеща́ли к девяти́; зна́чит, сейча́с.

Тузенбах *(обнима́ет Андре́я)*. Ах вы, се́ни, мой се́ни, се́ни но́вые мой...

Андре́й *(пля́шет и пое́т)*. Се́ни но́вые, клено́вые...

Чебуты́кин *(пля́шет)*. Решётчаты-е!

Смех.

Тузенбах *(целу́ет Андре́я)*. Чёрт возьми́, дава́йте вы́пьем, Андрю́ша, дава́йте вы́пьем на «ты». И я с тобо́й, Андрю́ша, в Москву́, в университе́т.

Солёный. В како́й? В Москве́ два университе́та.

Андре́й. В Москве́ оди́н университе́т.

Солёный. А я вам говорю́ — два.

Андре́й. Пуска́й хоть три. Тем лу́чше.

Солёный. В Москве́ два университе́та!

Ро́пот и ши́канье.

В Москве́ два университе́та: ста́рый и но́вый. А е́сли вам неуго́дно слу́шать, е́сли мой слова́ раздража́ют вас, то я могу́ не говори́ть. Я да́же могу́ уйти́ в другу́ю ко́мнату... *(Ухо́дит в одну́ из двере́й.)*

Тузенбах. Бра́во, бра́во! *(Смеётся.)* Господа́, начина́-

йте, я сажу́сь игра́ть! Смешно́й э́тот Солёный... *(Сади́тся за пиани́но, игра́ет вальс.)*

Ма́ша *(танцу́ет вальс одна́).* Баро́н пьян, баро́н пьян, баро́н пьян!

Вхо́дит Ната́ша.

Ната́ша *(Чебуты́кину).* Ива́н Рома́ныч! *(Говори́т о чём-то Чебуты́кину, пото́м ти́хо ухо́дит.)*

Чебуты́кин тро́гает Ту́зенбаха за плечо́ и шёпчет ему́ о чём-то.

Ири́на. Что тако́е?

Чебуты́кин. Нам пора́ уходи́ть. Бу́дьте здоро́вы.

Ту́зенбах. Споко́йной но́чи. Пора́ уходи́ть.

Ири́на. Позво́льте... А ря́женые?..

Андре́й *(сконфу́женный).* Ря́женых не бу́дет. Ви́дишь ли, моя́ ми́лая, Ната́ша говори́т, что Бо́бик не совсе́м здоро́в, и потому́... Одни́м сло́вом, я не зна́ю, мне реши́тельно всё равно́.

Ири́на *(пожима́я плеча́ми).* Бо́бик нездоро́в!

Ма́ша. Где на́ша не пропада́ла! Го́нят, ста́ло быть, на́до уходи́ть. *(Ири́не.)* Не Бо́бик бо́лен, а она́ сама́... Вот! *(Стучи́т па́льцем по́ лбу.)* Меща́нка!

Андре́й ухо́дит в пра́вую дверь к себе́, Чебуты́кин идёт за ним; в за́ле проща́ются.

Федо́тик. Кака́я жа́лость! Я рассчи́тывал провести́ вечеро́к, но е́сли бо́лен ребёночек, то, коне́чно... Я за́втра принесу́ ему́ игру́шек...

Родэ́ *(гро́мко).* Я сего́дня наро́чно вы́спался по́сле обе́да, ду́мал, что всю ночь бу́ду танцева́ть. Ведь тепе́рь то́лько де́вять часо́в!

Ма́ша. Вы́йдем на у́лицу, там потолку́ем. Реши́м, что и как.

Слы́шно: «Проща́йте! Бу́дьте здоро́вы!» Слы́шен весёлый смех Ту́зенбаха. Все ухо́дят. Анфи́са и го́рничная убира́ют со стола́, ту́шат огни́. Слы́шно, как поёт ня́нька. Андре́й в пальто́ и шля́пе и Чебуты́кин ти́хо вхо́дят.

Чебуты́кин. Жени́ться я не успе́л, потому́ что жизнь промелькну́ла, как мо́лния, да и потому́, что безу́мно люби́л твою́ ма́тушку, кото́рая была́ за́мужем...

Андрей. Жениться не нужно. Не нужно, потому что скучно.

Чебутыкин. Та́к-то оно́ так, да одино́чество. Как там ни философствуй, а одино́чество стра́шная шту́ка, голу́бчик мой... Хотя́ в су́щности... коне́чно, реши́тельно всё равно́!

Андрей. Пойдёмте скоре́й.

Чебутыкин. Что же спеши́ть? Успе́ем.

Андрей. Я бою́сь, жена́ бы не останови́ла.

Чебутыкин. А!

Андрей. Сего́дня я игра́ть не ста́ну, то́лько так посижу́. Нездоро́вится... Что мне де́лать, Ива́н Рома́ныч, от оды́шки?

Чебутыкин. Что спра́шивать! Не по́мню, голу́бчик. Не зна́ю.

Андрей. Пройдём ку́хней.

Звоно́к, пото́м опя́ть звоно́к; слы́шны голоса́, смех.
Ухо́дят.

Ири́на *(вхо́дит)*. Что там?

Анфи́са *(шёпотом)*. Ря́женые!

Звоно́к.

Ири́на. Скажи́, ня́нечка, до́ма нет никого́. Пусть извиня́т.

Анфи́са ухо́дит. Ири́на в разду́мье хо́дит по ко́мнате; она́ взволно́вана. Вхо́дит Солёный.

Солёный *(в недоуме́нии)*. Никого́ нет... А где же все?

Ири́на. Ушли́ домо́й.

Солёный. Стра́нно. Вы одни́ тут?

Ири́на. Одна́.

Па́уза.

Проща́йте.

Солёный. Да́веча я вёл себя́ недоста́точно сде́ржанно, нетакти́чно. Но вы не така́я, как все, вы высо́ки и чи́сты, вам видна́ пра́вда... То́лько вы одна́ мо́жете поня́ть меня́. Я люблю́, глубоко́, бесконе́чно люблю́...

Ири́на. Проща́йте! Уходи́те.

Солёный. Я не могу́ жить без вас. *(Идя́ за ней.)* О моё блаженство! *(Сквозь слёзы.)* О счастье! Роскошные, чудные, изумительные глаза, каких я не видел ни у одной женщины...

Ирина *(холодно).* Перестаньте, Василий Васильич!

Солёный. Первый раз я говорю о любви к вам, и точно я не на земле, а на другой планете. *(Трёт себе лоб.)* Ну, да всё равно. Насильно мил не будешь, конечно... Но счастливых соперников у меня не должно быть... Не должно... Клянусь вам всем святым, соперника я убью... О чудная!

Наташа проходит со свечой.

Наташа *(заглядывает в одну дверь, в другую и проходит мимо двери, ведущей в комнату мужа).* Тут Андрей. Пусть читает. Вы простите, Василий Васильич, я не знала, что вы здесь, я по-домашнему...

Солёный. Мне всё равно. Прощайте! *(Уходит.)*

Наташа. А ты устала, милая, бедная моя девочка! *(Целует Ирину.)* Ложилась бы спать пораньше.

Ирина. Бобик спит?

Наташа. Спит. Но неспокойно спит. Кстати, милая, я хотела тебе сказать да всё то тебя нет, то мне некогда... Бобику в теперешней детской, мне кажется, холодно и сыро. А твоя комната такая хорошая для ребёнка. Милая, родная, переберись пока к Оле!

Ирина *(не понимая).* Куда?

Слышно, к дому подъезжает тройка с бубёнчиками.

Наташа. Ты с Олей будешь в одной комнате, пока что, а твою комнату Бобику. Он такой милашка, сегодня я говорю ему: «Бобик, ты мой! Мой!» А он на меня смотрит своими глазёночками.

Звонок.

Должно быть, Ольга. Как она поздно!

Горничная подходит к Наташе и шепчет ей на ухо.

Наташа. Протопопов? Какой чудак. Приехал Протопопов, зовёт меня покататься с ним на тройке. *(Смеётся.)* Какие странные эти мужчины...

Звонóк.

Ктó-то там пришёл. Поéхать рáзве на чéтверть чáсика прокатúться... (*Гóрничной.*) Скажú, сейчáс.

Звонóк.

Звоня́т... там Ольга, должнó быть. (*Ухóдит.*)

Гóрничная убегáет; Ирúна сидúт задýмавшись; вхóдят **Кулы́гин**, **Ольга**, за нúми **Вершúнин**.

Кулы́гин. Вот тебé и раз. А говорúли, что у них бýдет вéчер.

Вершúнин. Стрáнно, я ушёл недáвно, полчасá назáд, и ждáли ря́женых...

Ирúна. Все ушлú.

Кулы́гин. И Мáша ушлá? Кудá онá ушлá? А зачéм Протопóпов внизý ждёт на трóйке? Когó он ждёт?

Ирúна. Не задавáйте вопрóсов... Я устáла.

Кулы́гин. Ну, капрúзница...

Ольга. Совéт тóлько что кóнчился. Я замýчилась. Нáша начáльница больнá, тепéрь я вмéсто неё. Головá, головá болúт, головá... (*Садúтся.*) Андрéй проигрáл вчерá в кáрты двéсти рублéй... Весь гóрод говорúт об э́том...

Кулы́гин. Да, и я устáл на совéте. (*Садúтся.*)

Вершúнин. Женá моя́ сейчáс вздýмала попугáть меня́, едвá не отравúлась. Всё обошлóсь, и я рад, отдыхáю тепéрь... Стáло быть, нáдо уходúть? Что ж, позвóльте пожелáть всегó хорóшего. Фёдор Ильúч, поéдемте со мной кудá-нибудь! Я дóма не могý оставáться, совсéм не могý... Поéдемте!

Кулы́гин. Устáл. Не поéду. (*Встаёт.*) Устáл. Женá домóй пошлá?

Ирúна. Должнó быть.

Кулы́гин (*целýет Ирúне рýку*). Прощáй. Зáвтра и послезáвтра цéлый день отдыхáть. Всегó хорóшего! (*Идёт.*) Чáю óчень хóчется. Рассчúтывал провестú вéчер в прия́тном óбществе и — о, fallacem hóminum spem![1] Винúтельный падéж при восклицáнии...

---

[1] о, прúзрачная надéжда людскáя! (*лат.*)

Вершинин. Значит, один поеду. *(Уходит с Кулыгиным посвистывая.)*

Ольга. Голова болит, голова... Андрей проиграл... весь город говорит... Пойду лягу. *(Идёт.)* Завтра я свободна... О Боже мой, как это приятно! Завтра свободна, послезавтра свободна... Голова болит, голова... *(Уходит.)*

Ирина *(одна).* Все ушли. Никого нет.

На улице гармоника, нянька поёт песню.

Наташа *(в шубе и шапке идёт через залу; за ней горничная).* Через полчаса я буду дома. Только проедусь немножко. *(Уходит.)*

Ирина *(оставшись одна, тоскует).* В Москву! В Москву! В Москву!

Занавес

ДЕЙСТВИЕ ТРЕТЬЕ

Комната Ольги и Ирины. Налево и направо постели, загороженные ширмами. Третий час ночи. За сценой бьют в набат по случаю пожара, начавшегося уже давно. Видно, что в доме ещё не ложились спать. На диване лежит Маша, одетая, как обыкновенно, в чёрное платье. Входят Ольга и Анфиса.

Анфиса. Сидят теперь внизу под лестницей... Я говорю — «пожалуйте наверх, нешто, говорю, можно так», — плачут. «Папаша, говорят, не знаем где. Не дай Бог, говорят, сгорел». Выдумали! И на дворе какие-то... тоже раздетые.

Ольга *(вынимает из шкафа платье).* Вот это серенькое возьми... И вот это... Кофточку тоже... И эту юбку бери, нянечка... Что же это такое, Боже мой! Кирсановский переулок весь сгорел, очевидно... Это возьми... Это возьми... *(Кидает ей на руки платье.)* Вершинины, бедные, напугались... Их дом едва не сгорел. Пусть у нас переночуют... домой их нельзя пускать... У бедного Федотика всё сгорело, ничего не осталось...

Анфиса. Ферапонта позвала бы, Олюшка, а то не донесу...

48

Ольга (*звонит*). Не дозвонишься... (*В дверь.*) Подите сюда, кто там есть!

В открытую дверь видно окно, красное от зарева; слышно, как мимо дома проезжает пожарная команда.

Какой это ужас! И как надоело!

Входит Ферапонт.

Вот возьми снеси вниз... Там под лестницей стоят барышни Колотилины... отдай им. И это отдай...

Ферапонт. Слушаю. В двенадцатом году Москва тоже горела. Господи ты Боже мой! Французы удивлялись.

Ольга. Иди, ступай.

Ферапонт. Слушаю. (*Уходит.*)

Ольга. Нянечка, милая, всё отдавай. Ничего нам не надо, всё отдавай, нянечка... Я устала, едва на ногах стою... Вершининых нельзя отпускать домой... Девочки лягут в гостиной, а Александра Игнатьича вниз к барону... Федотика тоже к барону, или пусть у нас в зале... Доктор, как нарочно, пьян, ужасно пьян, и к нему никого нельзя. И жену Вершинина тоже в гостиной.

Анфиса (*утомлённо*). Олюшка, милая, не гони ты меня! Не гони!

Ольга. Глупости ты говоришь, няня. Никто тебя не гонит.

Анфиса (*кладёт ей голову на грудь*). Родная моя, золотая моя, я тружусь, я работаю... Слаба стану, все скажут: пошла! А куда я пойду? Куда? Восемьдесят лет. Восемьдесят второй год...

Ольга. Ты посиди, нянечка... Устала ты, бедная... (*Усаживает её.*) Отдохни, моя хорошая. Побледнела как!

Наташа входит.

Наташа. Там, говорят, поскорее нужно составить общество для помощи погорельцам. Что ж? Прекрасная мысль. Вообще нужно помогать бедным людям, это обязанность богатых. Бобик и Софочка спят себе, спят, как ни в чём не бывало. У нас так много народу везде, куда́ ни пойдёшь, по́лон дом. Тепе́рь в го́роде инфлю-́энца, бою́сь, как бы не захвати́ли де́ти.

О́льга *(не слу́шая её)*. В э́той ко́мнате не ви́дно пожа́ра, тут поко́йно...

Ната́ша. Да... Я, должно́ быть, растрёпанная. *(Пе́ред зе́ркалом.)* Говоря́т, я пополне́ла... и непра́вда! Ничу́ть! А Ма́ша спит, утоми́лась, бе́дная... *(Анфи́се хо́лодно.)* При мне не смей сиде́ть! Встань! Ступа́й отсю́да!

Анфи́са ухо́дит; па́уза.

И заче́м ты де́ржишь э́ту стару́ху, не понима́ю!

О́льга *(оторопе́в)*. Извини́, я то́же не понима́ю...

Ната́ша. Ни к чему́ она́ тут. Она́ крестья́нка, должна́ в дере́вне жить... Что за баловство́! Я люблю́ в до́ме поря́док! Ли́шних не должно́ быть в до́ме. *(Гла́дит её по щеке́)*. Ты, бедня́жка, уста́ла! Уста́ла на́ша нача́льница! А когда́ моя́ Со́фочка вы́растет и поступи́т в гимна́зию, я бу́ду тебя́ боя́ться.

О́льга. Не бу́ду я нача́льницей.

Ната́ша. Тебя́ вы́берут, Оле́чка. Это решено́.

О́льга. Я откажу́сь. Не могу́... Это мне не по си́лам... *(Пьёт во́ду.)* Ты сейча́с так гру́бо обошла́сь с ня́ней... Прости́, я не в состоя́нии переноси́ть... в глаза́х потемне́-ло...

Ната́ша *(взволно́ванно)*. Прости́, Оля, прости́... Я не хоте́ла тебя́ огорча́ть.

Ма́ша встаёт, берёт поду́шку и ухо́дит, серди́тая.

О́льга. Пойми́, ми́лая... мы воспи́таны, быть мо́жет, стра́нно, но я не переношу́ э́того. Подо́бное отноше́ние угнета́ет меня́, я заболева́ю... я про́сто па́даю ду́хом!..

Ната́ша. Прости́, прости́... *(Целу́ет её.)*

О́льга. Вся́кая, да́же мале́йшая, гру́бость, неделика́тно ска́занное сло́во волну́ет меня́...

Ната́ша. Я ча́сто говорю́ ли́шнее, э́то пра́вда, но согласи́сь, моя́ ми́лая, она́ могла́ бы жить в дере́вне.

О́льга. Она́ уже́ три́дцать лет у нас.

Ната́ша. Но ведь тепе́рь она́ не мо́жет рабо́тать! Или я не понима́ю, и́ли же ты не хо́чешь меня́ поня́ть. Она́ не спосо́бна к труду́, она́ то́лько спит и́ли сиди́т.

Ольга. И пуска́й сиди́т.

Ната́ша *(удивлённо).* Как пуска́й сиди́т? Но ведь она́ же прислу́га. *(Сквозь слёзы)* Я тебя́ не понима́ю, Оля. У меня́ ня́нька есть, корми́лица есть, у нас го́рничная, куха́рка... для чего́ же нам ещё э́та стару́ха? Для чего́?

За сце́ной бьют в наба́т.

Ольга. В э́ту ночь я постаре́ла на де́сять лет.

Ната́ша. Нам ну́жно угово́риться, Оля. Ты в гимна́зии, я — до́ма, у тебя́ уче́нье, у меня́ — хозя́йство. И е́сли я говорю́ что насчёт прислу́ги, то зна́ю, что говорю́; я зна́ю, что го-во-рю́... И чтоб за́втра же не́ было здесь э́той ста́рой воро́вки, ста́рой хрычёвки... *(стучи́т нога́ми)* э́той ве́дьмы!... Не сметь меня́ раздража́ть! Не сметь! *(Спохвати́вшись.)* Пра́во, е́сли ты не перебе́решься вниз, то мы всегда́ бу́дем ссо́риться. Это ужа́сно.

Вхо́дит Кулы́гин.

Кулы́гин. Где Ма́ша? Пора́ бы уже́ домо́й. Пожа́р, говоря́т, стиха́ет. *(Потя́гивается.)* Сгоре́л то́лько оди́н кварта́л, а ведь был ве́тер, внача́ле каза́лось, что гори́т весь го́род. *(Сади́тся.)* Утоми́лся. Оле́чка моя́ ми́лая... Я ча́сто ду́маю: е́сли бы не Ма́ша, то я на тебе́ бы жени́лся, Оле́чка. Ты о́чень хоро́шая... Заму́чился. *(Прислу́шивается.)*

Ольга. Что?

Кулы́гин. Как наро́чно, у до́ктора запо́й, пьян он ужа́сно. Как наро́чно! *(Встаёт.)* Вот он идёт сюда́, ка́жется... Слы́шите? Да, сюда́... *(Смеётся.)* Экий како́й, пра́во... Я спря́чусь... *(Идёт к шка́фу и стано́вится в углу́.)* Этакий разбо́йник.

Ольга. Два го́да не пил, а тут вдруг взял и напи́лся... *(Идёт с Ната́шей в глубину́ ко́мнаты).*

Чебуты́кин вхо́дит; не шата́ясь, как тре́звый, прохо́дит по ко́мнате, остана́вливается, смо́трит, пото́м подхо́дит к рукомо́йнику и начина́ет мыть ру́ки.

Чебуты́кин *(угрю́мо).* Чёрт бы всех побра́л... подра́л... Ду́мают, что я до́ктор, уме́ю лечи́ть вся́кие боле́зни, а я не зна́ю реши́тельно ничего́, всё позабы́л, что знал, ничего́ не по́мню, реши́тельно ничего́.

Ольга и Наташа, незаметно для него, уходят.

Чёрт бы побрал. В прошлую среду лечил на Засыпи женщину — умерла, и я виноват, что она умерла. Да... Кое-что знал лет двадцать пять назад, а теперь ничего не помню. Ничего. Может быть, я и не человек, а только вот делаю вид, что у меня и руки, и ноги, и голова; может быть, я и не существую вовсе, а только кажется мне, что я хожу, ем, сплю. *(Плачет.)* О, если бы не существовать! *(Перестаёт плакать, угрюмо.)* Чёрт знает... Третьего дня разговор в клубе; говорят, Шекспир, Вольтер... Я не читал, совсем не читал, а на лице своём показал, будто читал. И другие тоже, как я. Пошлость! Низость! И та женщина, что уморил в среду, вспомнилась... и всё вспомнилось, и стало на душе криво, гадко, мерзко... пошёл, запил...

Ирина, Вершинин и Тузенбах входят; на Тузенбахе штатское платье, новое и модное.

Ирина. Здесь посидим. Сюда никто не войдёт.

Вершинин. Если бы не солдаты, то сгорел бы весь город. Молодцы! *(Потирает от удовольствия руки.)* Золотой народ! Ах, что за молодцы!

Кулыгин *(подходя к ним)*. Который час, господа?

Тузенбах. Уже четвёртый час. Светает.

Ирина. Все сидят в зале, никто не уходит. И ваш этот Солёный сидит... *(Чебутыкину.)* Вы бы, доктор, шли спать.

Чебутыкин. Ничего-с... Благодарю-с. *(Причёсывает бороду.)*

Кулыгин *(смеётся)*. Назюзюкался, Иван Романыч! *(Хлопает по плечу.)* Молодец! In vino veritas[1], — говорили древние.

Тузенбах. Меня все просят устроить концерт в пользу погорельцев.

Ирина. Ну, кто там...

Тузенбах. Можно бы устроить, если захотеть. Марья Сергеевна, по-моему, играет на рояле чудесно...

Кулыгин. Чудесно играет!

---

[1] Истина в вине *(лат.)*.

Ири́на. Она́ уже́ забы́ла. Три го́да не игра́ла... и́ли четы́ре.

Ту́зенбах. Здесь в го́роде реши́тельно никто́ не понима́ет му́зыки, ни одна́ душа́, но я, я понима́ю и че́стным сло́вом уверя́ю вас, что Мари́я Серге́евна игра́ет великоле́пно, почти́ тала́нтливо.

Кулы́гин. Вы пра́вы, баро́н. Я её о́чень люблю́, Ма́шу. Она́ сла́вная.

Ту́зенбах. Уме́ть игра́ть так роско́шно и в то же вре́мя сознава́ть, что тебя́ никто́, никто́ не понима́ет!

Кулы́гин (вздыха́ет). Да... Но прили́чно ли ей уча́ствовать в конце́рте?

Па́уза.

Я ведь, господа́, ничего́ не зна́ю. Мо́жет быть, э́то и хорошо́ бу́дет. До́лжен призна́ться, наш дире́ктор хоро́ший челове́к, да́же о́чень хоро́ший, умне́йший, но у него́ таки́е взгля́ды... Коне́чно, не его́ де́ло, но всё-таки, е́сли хоти́те, то я, пожа́луй, поговорю́ с ним.

Чебуты́кин берёт в ру́ки фарфо́ровые часы́ и рассма́тривает их.

Верши́нин. На пожа́ре я загрязни́лся весь, ни на что не похо́ж.

Па́уза.

Вчера́ я ме́льком слы́шал, бу́дто на́шу брига́ду хотя́т перевести́ куда́-то далеко́. Одни́ говоря́т, в Ца́рство По́льское, други́е — бу́дто в Читу́.

Ту́зенбах. Я то́же слы́шал. Что ж? Го́род тогда́ совсе́м опусте́ет.

Ири́на. И мы уе́дем!

Чебуты́кин (роня́ет часы́, кото́рые разбива́ются). Вдре́безги!

Па́уза; все огорчены́ и сконфу́жены.

Кулы́гин (подбира́я оско́лки). Разби́ть таку́ю дорогу́ю вещь — ах, Ива́н Рома́ныч, Ива́н Рома́ныч! Ноль с ми́нусом вам за поведе́ние!

Ири́на. Это часы́ поко́йной ма́мы.

Чебуты́кин. Мо́жет быть... Ма́мы, так ма́мы. Мо́жет, я не разбива́л, а то́лько ка́жется, что разби́л. Мо́жет быть, нам тóлько кáжется, что мы существýем, а на сáмом дéле нас нет. Ничегó я не знáю, никтó ничегó не знáет. *(У двéри.)* Что смóтрите? У Натáши ромáнчик с Протопóповым, а вы не вúдите... Вы вот сидúте тут и ничегó не вúдите, а у Натáши ромáнчик с Протопóповым... *(Поёт.)* Не угóдно ль этот фúник вам принять... *(Ухóдит.)*

Вершúнин. Да... *(Смеётся.)* Как всё это в сýщности стрáнно!

Пáуза.

Когдá начался пожáр, я побежáл скорéй домóй; подхожý, смотрю — дом наш цел и невредúм и вне опáсности, но мои две дéвочки стоят у порóга в однóм бельé, мáтери нет, суетúтся нарóд, бéгают лóшади, собáки, и у дéвочек на лúцах тревóга, ýжас, мольбá, не знáю что; сéрдце у меня сжáлось, когдá я увúдел эти лúца. Бóже мой, дýмаю, что придётся пережúть ещё этим дéвочкам в течéние дóлгой жúзни! Я хватáю их, бегý и всё дýмаю однó: что им придётся ещё пережúть на этом свéте!

Набáт; пáуза.

Прихожý сюдá, а мать здесь, кричúт, сéрдится.

Мáша вхóдит с подýшкой и садúтся на дивáн.

И когдá мои дéвочки стояли у порóга в однóм бельé, и ýлица былá крáсной от огня, был стрáшный шум, то я подýмал, что нéчто похóжее происходúло мнóго лет назáд, когдá набегáл неожúданно враг, грáбил, зажигáл... Мéжду тем в сýщности какáя рáзница мéжду тем, что есть и что бúло! А пройдёт ещё немнóго врéмени, какúх-нибудь двéсти — трúста лет, и на нáшу теперéшнюю жизнь так же бýдут смотрéть и со стрáхом и с насмéшкой, всё нúнешнее бýдет казáться и углóватым, и тяжёлым, и óчень неудóбным, и стрáнным. О, навéрное, какáя это бýдет жизнь, какáя жизнь! *(Смеётся.)* Простúте, я опять зафилосóфствовался. Позвóльте продолжáть, господá. Мне ужáсно хóчется философствовать, такóе у меня тепéрь настроéние.

Пáуза.

54

Точно спят все. Так я говорю: какая это будет жизнь! Вы можете себе только представить... Вот таких, как вы, в городе теперь только три, но в следующих поколениях будет больше, всё больше и больше, и придёт время, когда всё изменится по-вашему, жить будут по-вашему, а потом и вы устареете, народятся люди, которые будут лучше вас... *(Смеётся.)* Сегодня у меня какое-то особенное настроение. Хочется жить чертовски... *(Поёт.)* Любви все возрасты покорны, её порывы благотворны... *(Смеётся.)*

Маша. Трам-там-там...
Вершинин. Там-там...
Маша. Тра-ра-ра?
Вершинин. Тра-та-та. *(Смеётся.)*

Входит Федотик.

Федотик *(танцует)*. Погорел, погорел! Весь дочиста!

Смех.

Ирина. Что ж за шутки. Всё сгорело?
Федотик *(смеётся)*. Всё дочиста. Ничего не осталось. И гитара сгорела, и фотография сгорела, и все мои письма... И хотел подарить вам записную книжечку — тоже сгорела.

Входит Солёный.

Ирина. Нет, пожалуйста, уходите, Василий Васильич. Сюда нельзя.
Солёный. Почему же это барону можно, а мне нельзя?
Вершинин. Надо уходить, в самом деле. Как пожар?
Солёный. Говорят, стихает. Нет, мне положительно странно, почему это барону можно, а мне нельзя? *(Вынимает флакон с духами и прыскается.)*
Вершинин. Трам-там-там?
Маша. Трам-там.
Вершинин *(смеётся, Солёному)*. Пойдёмте в залу.
Солёный. Хорошо-с, так и запишем. Мысль эту можно б боле пояснить, да боюсь, как бы гусей не раздразнить... *(Глядя на Тузенбаха.)* Цип, цип, цип... *(Уходит с Вершининым и Федотиком.)*

Ирина. Как накурил этот Солёный... *(В недоумении.)* Барон спит! Барон! Барон!

Тузенбах *(очнувшись).* Устал я, однако... Кирпичный завод... Это я не брежу, а в самом деле, скоро поеду на кирпичный завод, начну работать... Уже был разговор. *(Ирине нежно.)* Вы такая бледная, прекрасная, обаятельная... Мне кажется, ваша бледность проясняет тёмный воздух, как свет... Вы печальны, вы недовольны жизнью... О, поедемте со мной, поедемте работать вместе!..

Маша. Николай Львович, уходите отсюда.

Тузенбах *(смеясь).* Вы здесь? Я не вижу. *(Целует Ирине руку.)* Прощайте, я пойду... я гляжу на вас теперь, и вспоминается мне, как когда-то давно, в день ваших именин, вы, бодрая, весёлая, говорили о радостях труда... И какая мне тогда мерещилась счастливая жизнь! Где она? *(Целует руку.)* У вас слёзы на глазах. Ложитесь спать, уж светает... начинается утро... Если бы мне было позволено отдать за вас жизнь свою!

Маша. Николай Львович, уходите! Ну что, право...

Тузенбах. Ухожу... *(Уходит.)*

Маша *(ложась).* Ты спишь, Фёдор?

Кулыгин. А?

Маша. Шёл бы домой.

Кулыгин. Милая моя Маша, дорогая моя Маша...

Ирина. Она утомилась. Дал бы ей отдохнуть, Фёдя.

Кулыгин. Сейчас уйду... Жена моя хорошая, славная... Люблю тебя, мою единственную...

Маша *(сердито).* Amo, amas, amat, amamus, amatis, amant[1].

Кулыгин *(смеётся).* Нет, право, она удивительная. Женат я на тебе семь лет, а кажется, что венчались только вчера. Честное слово. Нет, право, ты удивительная женщина. Я доволен, я доволен, я доволен!

Маша. Надоело, надоело, надоело... *(Встаёт и говорит сидя.)* И вот не выходит у меня из головы... Просто возмутительно. Сидит гвоздём в голове, не могу молчать. Я про Андрея... Заложил он этот дом в банке и все деньги забрала его жена, а ведь дом принадлежит не ему одному,

---

[1] Люблю, любишь и т. д. *(лат.).*

а нам четверы́м! Он до́лжен э́то знать, е́сли он поря́дочный челове́к.

Кулы́гин. Охо́та тебе́, Ма́ша! На что тебе́? Андрю́ша круго́м до́лжен, ну, и Бог с ним.

Ма́ша. Это во вся́ком слу́чае возмути́тельно. *(Ло́жится.)*

Кулы́гин. Мы с тобо́й не бе́дны. Я рабо́таю, хожу́ в гимна́зию, пото́м уро́ки даю́... Я че́стный челове́к. Просто́й... Omnia mea mecum porto[1], как говори́тся.

Ма́ша. Мне ничего́ не ну́жно, но меня́ возмуща́ет несправедли́вость.

Па́уза.

Ступа́й, Фёдор.

Кулы́гин *(целу́ет её)*. Ты уста́ла, отдохни́ с полча́сика, а я там посижу́, подожду́. Спи... *(Идёт.)* Я дово́лен, я дово́лен, я дово́лен. *(Ухо́дит.)*

Ири́на. В са́мом де́ле, как измельча́л наш Андре́й, как он вы́дохся и постаре́л о́коло э́той же́нщины! Когда́-то гото́вился в профессора́, а вчера́ хвали́лся, что попа́л, наконе́ц, в чле́ны зе́мской упра́вы. Он член упра́вы, а Протопо́пов председа́тель... Весь го́род говори́т, смеётся, и то́лько он оди́н ничего́ не зна́ет и не ви́дит... И вот все побежа́ли на пожа́р, а он сиди́т у себя́ в ко́мнате и никако́го внима́ния. То́лько на скри́пке игра́ет. *(Не́рвно.)* О, ужа́сно, ужа́сно, ужа́сно! *(Пла́чет.)* Я не могу́, я не могу́ переноси́ть бо́льше!... Не могу́, не могу́!..

(Гро́мко рыда́ет.) Вы́бросьте меня́, вы́бросьте, я бо́льше не могу́!..

Ольга вхо́дит, убира́ет о́коло своего́ сто́лика.

Ольга *(испуга́вшись)*. Что ты, что ты? Ми́лая!

Ири́на *(рыда́я)*. Куда́? Куда́ всё ушло́? Где оно́? О Бо́же мой, Бо́же мой! Я всё забы́ла, забы́ла... У меня́ перепу́талось в голове́... Я не по́мню, как по-италья́нски окно́ и́ли вот потоло́к... Всё забыва́ю, ка́ждый день забыва́ю, а жизнь ухо́дит и никогда́ не вернётся, никогда́, никогда́ мы не уе́дем в Москву́... Я ви́жу, что не уе́дем...

Ольга. Ми́лая, ми́лая...

---

[1] Всё моё ношу́ с собо́ю *(лат.)*.

Ирина *(сдерживаясь).* О, я несчастная... Не могу́ я рабо́тать, не ста́ну рабо́тать. Дово́льно, дово́льно! Была́ телеграфи́сткой, тепе́рь служу́ в городско́й упра́ве и ненави́жу и презира́ю всё, что то́лько мне даю́т де́лать... Мне уже два́дцать четвёртый год, рабо́таю уже́ давно́, и мозг вы́сох, похуде́ла, подурне́ла, постаре́ла, и ничего́, ничего́, никако́го удовлетворе́ния, а вре́мя идёт, и всё ка́жется, что ухо́дишь от настоя́щей прекра́сной жи́зни, ухо́дишь всё да́льше и да́льше, в каку́ю-то про́пасть. Я в отча́янии, и как я жива́, как не уби́ла себя́ до сих пор, не понима́ю...

Ольга. Не плачь, моя́ де́вочка, не плачь... Я страда́ю.

Ирина. Я не пла́чу, не пла́чу... Дово́льно... Ну, вот я уже́ не пла́чу. Дово́льно... Дово́льно!

Ольга. Ми́лая, говорю́ тебе́, как сестра́, как друг, е́сли хо́чешь моего́ сове́та, выходи́ за баро́на!

Ирина тихо пла́чет.

Ведь ты его́ уважа́ешь, высоко́ це́нишь... Он, пра́вда, некраси́вый, но он тако́й поря́дочный, чи́стый... Ведь за́муж выхо́дят не из любви́, а то́лько для того́, что́бы испо́лнить свой долг. Я по кра́йней ме́ре так ду́маю, и я бы вы́шла без любви́. Кто бы ни посва́тал, всё равно́ бы пошла́, лишь бы поря́дочный челове́к. Да́же за старика́ бы пошла́...

Ирина. Я всё ждала́, пересе́лимся в Москву́, там мне встре́тится мой настоя́щий, я мечта́ла о нём, люби́ла... Но оказа́лось, всё вздор, всё вздор...

Ольга *(обнима́ет сестру́).* Ми́лая моя́, прекра́сная сестра́, я всё понима́ю; когда́ баро́н Никола́й Льво́вич оста́вил вое́нную слу́жбу и пришёл к нам в пиджаке́, то показа́лся мне таки́м некраси́вым, что я да́же запла́кала... Он спра́шивает: «Что вы пла́чете?» Как я ему́ скажу́! Но е́сли бы Бог привёл ему́ жени́ться на тебе́, то я была́ бы сча́стлива. Тут ведь друго́е, совсе́м друго́е.

Ната́ша со свечо́й прохо́дит че́рез сце́ну из пра́вой две́ри в ле́вую мо́лча.

Ма́ша *(сади́тся).* Она́ хо́дит так, как бу́дто она́ подожгла́.

Ольга. Ты, Маша, глупая. Самая глупая в нашей семье — это ты. Извини, пожалуйста.

Пауза.

Маша. Мне хочется каяться, милые сёстры. Томится душа моя. Покаюсь вам и уж больше никому, никогда... Скажу сию минуту. *(Тихо.)* Это моя тайна, но вы всё должны знать... Не могу молчать...

Пауза.

Я люблю, люблю... Люблю этого человека... Вы его только что видели... Ну, да что там. Одним словом, люблю Вершинина...

Ольга *(идёт к себе за ширмы).* Оставь это. Я всё равно не слышу.

Маша. Что же делать! *(Берётся за голову.)* Он казался мне сначала странным, потом я жалела его... потом полюбила... полюбила с его голосом, его словами, несчастьями, двумя девочками...

Ольга *(за ширмой).* Я не слышу всё равно. Какие бы ты глупости ни говорила, я всё равно не слышу.

Маша. Э, глупая ты, Оля. Люблю — такая, значит, судьба моя. Значит, доля моя такая... И он меня любит... Это всё страшно. Да? Не хорошо это? *(Тянет Ирину за руку, привлекает к себе.)* О моя милая... Как-то мы проживём нашу жизнь, что из нас будет... Когда читаешь роман какой-нибудь, то кажется, что всё это старо и всё так понятно, а как сама полюбишь, то и видно тебе, что никто ничего не знает и каждый должен решать сам за себя... Милые мои, сёстры мои... Призналась вам, теперь буду молчать... Буду теперь, как гоголевский сумасшедший... молчание... молчание...

Андрей, за ним Ферапонт.

Андрей *(сердито).* Что тебе нужно? Я не понимаю.

Ферапонт *(в дверях, нетерпеливо).* Я, Андрей Сергеевич, уж говорил раз десять.

Андрей. Во-первых, я тебе не Андрей Сергеевич, а ваше высокоблагородие!

Ферапонт. Пожарные, ваше высокородие, просят,

позво́льте на́ реку са́дом прое́хать. А то круго́м е́здиют, е́здиют — чи́стое наказа́ние.

Андре́й. Хорошо́. Скажи́, хорошо́.

Фера́понт ухо́дит.

Надое́ли. Где О́льга?

О́льга выхо́дит из-за ши́рмы.

Я пришёл к тебе́, дай мне ключ от шка́па, я затеря́л свой. У тебя́ есть тако́й ма́ленький клю́чик.

О́льга подаёт ему́ мо́лча ключ. Ири́на идёт к себе́ за ши́рму; па́уза.

А како́й грома́дный пожа́р! Тепе́рь ста́ло утиха́ть. Чёрт зна́ет, разозли́л меня́ э́тот Фера́понт, я сказа́л ему́ глу́пость... Ва́ше высокоблагоро́дие...

Па́уза.

Что же ты молчи́шь, Оля?

Па́уза.

Пора́ уже́ оста́вить э́ти глу́пости и не ду́ться так, здо́рово живёшь. Ты, Ма́ша, здесь, Ири́на здесь, ну вот прекра́сно — объясни́мся начистоту́, раз навсегда́. Что вы име́ете про́тив меня́? Что?

О́льга. Оста́вь, Андрю́ша. За́втра объясни́мся. *(Волну́ясь).* Кака́я мучи́тельная ночь!

Андре́й *(он о́чень смущён).* Не волну́йся. Я соверше́нно хладнокро́вно вас спра́шиваю: что вы име́ете про́тив меня́? Говори́те пря́мо.

Го́лос Верши́нина: «Трам-там-там!»

Ма́ша *(встаёт, гро́мко).* Тра-та-та! *(О́льге.)* Проща́й, Оля, Госпо́дь с тобо́й. *(Идёт за ши́рму, целу́ет Ири́ну.)* Спи поко́йно... Проща́й, Андре́й. Уходи́, они́ утомлены́... за́втра объясни́шься... *(Ухо́дит.)*

О́льга. В са́мом де́ле, Андрю́ша, отло́жим до за́втра... *(Идёт к себе́ за ши́рму).* Спать пора́.

Андре́й. То́лько скажу́ и уйду́. Сейча́с... Во-пе́рвых, вы име́ете что́-то про́тив Ната́ши, мое́й жены́, и э́то я замеча́ю с са́мого дня мое́й сва́дьбы. Ната́ша прекра́сный, чéстный человéк, прямóй и благорóдный — вот моё мнéние. Свою́ жену́ я люблю́ и уважáю, понимáете, уважáю и трéбую, чтóбы её уважáли тáкже и други́е. Повторя́ю, онá чéстный благорóдный человéк, а все вáши неудовóльствия, прости́те, э́то прóсто капри́зы.

Пáуза.

Во-вторы́х, вы как бýдто сéрдитесь за то, что я не профéссор, не занимáюсь наýкой. Но я служý в зéмстве, я член зéмской упрáвы, и э́то своё служéние считáю таки́м же святы́м и высóким, как служéние наýке. Я член зéмской упрáвы и горжýсь э́тим, éсли желáете знать...

Пáуза.

В-трéтьих... Я ещё имéю сказáть... Я заложи́л дом, не испроси́в у вас позволéния... В э́том я виновáт, да, и прошý меня́ извини́ть... Меня́ побуди́ли к э́тому долги́... три́дцать пять ты́сяч... Я ужé не игрáю в кáрты, давнó брóсил, но глáвное, что могý сказáть в своё оправдáние, э́то то, что вы дéвушки, вы получáете пéнсию, я же не имéл... зáработка, так сказáть...

Пáуза.

Кулы́гин (в дверь). Мáши здесь нет? (Встревóженно.) Где же онá? Это стрáнно... (Ухóдит.)

Андрéй. Не слýшают. Натáша превосхóдный, чéстный человéк. (Хóдит по сцéне мóлча, потóм останáвливается.) Когдá я жени́лся, я дýмал, что мы бýдем счáстливы... все счáстливы... Но Бóже мой... (Плáчет.) Ми́лые мои́ сёстры, дороги́е сёстры, не вéрьте мне, не вéрьте... (Ухóдит.)

Кулы́гин (в дверь встревóженно). Где Мáша? Здесь Мáши нет? Удиви́тельное дéло. (Ухóдит.)

Набáт, сцéна пустáя.

Ири́на (за ши́рмами). Оля! Кто э́то стучи́т в пол?
Ольга. Это дóктор Ивáн Ромáныч. Он пьян.
Ири́на. Какáя беспокóйная ночь!

Пáуза.

Оля! *(Выгля́дывает из-за ши́рмы.)* Слы́шала? Брига́ду беру́т от нас, перево́дят куда́-то далеко́.

Ольга. Это слу́хи то́лько.

Ири́на. Оста́немся мы тогда́ одни́... Оля!

Ольга. Ну?

Ири́на. Ми́лая, дорога́я, я уважа́ю, я ценю́ баро́на, он прекра́сный челове́к, я вы́йду за него́, согла́сна, то́лько пое́дем в Москву́! Умоля́ю тебя́, пое́дем! Лу́чше Москвы́ ничего́ нет на све́те! Пое́дем, Оля! Пое́дем!

Зана́вес

ДЕ́ЙСТВИЕ ЧЕТВЁРТОЕ

Ста́рый сад при до́ме Про́зоровых. Дли́нная ело́вая алле́я, в конце́ кото́рой видна́ река́. На той стороне́ реки́ — лес. Напра́во терра́са до́ма; здесь на столе́ буты́лки и стака́ны; ви́дно, что то́лько что пи́ли шампа́нское. Двена́дцать часо́в дня. С у́лицы к реке́ че́рез сад хо́дят и́зредка прохо́жие; бы́стро прохо́дят челове́к пять солда́т.

Чебуты́кин в благоду́шном настрое́нии, кото́рое не покида́ет его́ в тече́ние всего́ а́кта, сиди́т в кре́сле, в саду́, ждёт, когда́ его́ позову́т; он в фура́жке и с па́лкой. Ири́на, Кулы́гин, с о́рденом на ше́е, без усо́в, и Ту́зенбах, сто́я на терра́се, провожа́ют Федо́тика и Родэ́, кото́рые схо́дят вниз; о́ба офице́ра в похо́дной фо́рме.

Ту́зенбах *(целу́ется с Федо́тиком).* Вы хоро́ший, мы жи́ли так дру́жно. *(Целу́ется с Родэ́.)* Ещё раз... Проща́йте, дорого́й мой!

Ири́на. До свида́нья!

Федо́тик. Не до свида́нья, а прсща́йте, мы бо́льше уж никогда́ не уви́димся!

Кулы́гин. Кто зна́ет! *(Вытира́ет глаза́, улыба́ется.)* Вот я и запла́кал.

Ири́на. Когда́-нибудь встре́тимся.

Федо́тик. Лет че́рез де́сять — пятна́дцать? Но тогда́ мы едва́ узна́ем друг дру́га, хо́лодно поздоро́ваемся... *(Снима́ет фотогра́фию.)* Сто́йте... Ещё в после́дний раз.

Родэ́ *(обнима́ет Ту́зенбаха).* Не уви́димся бо́льше... *(Целу́ет ру́ку Ири́не.)* Спаси́бо за всё, за всё!

Федо́тик *(с доса́дой).* Да посто́й!

Ту́зенбах. Даст Бог, уви́димся. Пиши́те же нам. Непреме́нно пиши́те.

Родэ́ *(оки́дывает взгля́дом сад)*. Проща́йте, дере́вья! *(Кричи́т.)* Гоп-гоп!

Па́уза.

Проща́й, э́хо!

Кулы́гин. Чего́ до́брого же́нитесь там, в По́льше... Жена́ по́лька обни́мет и ска́жет: «Коха́не!» *(Смеётся.)*

Федо́тик *(взгляну́в на часы́)*. Оста́лось ме́ньше ча́са. Из на́шей батаре́и то́лько Солёный пойдёт на ба́рже, мы же со строево́й ча́стью. Сего́дня уйду́т три батаре́и дивизио́нно, за́втра опя́ть три — и в го́роде насту́пит тишина́ и споко́йствие.

Ту́зенбах. И скучи́ща стра́шная.

Родэ́. А Мари́я Серге́евна где?

Кулы́гин. Ма́ша в саду́.

Федо́тик. С ней прости́ться.

Родэ́. Проща́йте, на́до уходи́ть, а то я запла́чу... *(Обни-ма́ет бы́стро Ту́зенбаха и Кулы́гина, целу́ет ру́ку Ири́не.)* Прекра́сно мы здесь пожи́ли...

Федо́тик *(Кулы́гину)*. Это вам на па́мять... кни́жка с каранда́шиком... Мы здесь пойдём к реке́...

Отхо́дят, о́ба огля́дываются.

Родэ́ *(кричи́т)*. Гоп-гоп!

Кулы́гин *(кричи́т)*. Проща́йте!

В глубине́ сце́ны Федо́тик и Родэ́ встреча́ются с Ма́шей и проща́ются с не́ю; она́ ухо́дит с ни́ми.

Ири́на. Ушли́... *(Сади́тся на ни́жнюю ступе́нь терра́сы.)*

Чебуты́кин. А со мной забы́ли прости́ться.

Ири́на. Вы же чего́?

Чебуты́кин. Да и я ка́к-то забы́л. Впро́чем, ско́ро уви́-жусь с ни́ми, ухожу́ за́втра. Да... Ещё оди́н денёк оста́лся. Че́рез год даду́т мне отста́вку, опя́ть прие́ду сюда́ и бу́ду дожива́ть свой век о́коло вас... Мне до пе́нсии то́лько оди́н годо́чек оста́лся... *(Кладёт в карма́н газе́ту, вынима́ет дру-гу́ю.)* Прие́ду сюда́ к вам и изменю́ жизнь коренны́м о́бра-зом... Ста́ну таки́м ти́хоньким, бла́го... благоуго́дным, прили́чненьким...

Ири́на. А вам на́до бы измени́ть жизнь, голу́бчик. На́до бы ка́к-нибудь.

Чебуты́кин. Да. Чу́вствую. *(Ти́хо напева́ет.)* Тарара́... бу́мбия... сижу́ на ту́мбе я...

Кулы́гин. Неисправи́м Ива́н Рома́ныч! Неисправи́м!

Чебуты́кин. Да, вот к вам бы на вы́учку. Тогда́ бы испра́вился.

Ири́на. Фёдор сбрил себе́ усы́. Ви́деть не могу́!

Кулы́гин. А что?

Чебуты́кин. Я бы сказа́л, на что тепе́рь похо́жа ва́ша физионо́мия, да не могу́.

Кулы́гин. Что ж! Так при́нято, это modus vivendi[1]. Дире́ктор у нас с вы́бритыми уса́ми, и я то́же как стал инспе́ктором, побри́лся. Никому́ не нра́вится, а для меня́ всё равно́. Я дово́лен. С уса́ми я и́ли без усо́в, а я одина́ково дово́лен. *(Сади́тся.)*

В глубине́ сце́ны Андре́й прово́зит в коля́сочке спя́щего ребёнка.

Ири́на. Ива́н Рома́ныч, голу́бчик, родно́й мой, я стра́шно обеспоко́ена. Вы вчера́ бы́ли на бульва́ре, скажи́те, что произошло́ там?

Чебуты́кин. Что произошло́? Ничего́. Пустяки́. *(Чита́ет газе́ту.)* Всё равно́!

Кулы́гин. Так расска́зывают, бу́дто Солёный и баро́н встре́тились вчера́ на бульва́ре о́коло теа́тра...

Ту́зенбах. Переста́ньте! Ну что, пра́во... *(Ма́шет руко́й и ухо́дит в дом.)*

Кулы́гин. О́коло теа́тра... Солёный стал придира́ться к баро́ну, а тот не стерпе́л, сказа́л что́-то оби́дное...

Чебуты́кин. Не зна́ю. Чепуха́ всё.

Кулы́гин. В како́й-то семина́рии учи́тель написа́л на сочине́нии «чепуха́», а учени́к прочёл «ре́никса» — ду́мал, что по-латы́ни напи́сано... *(Смеётся.)* Смешно́ удиви́тельно. Говоря́т, бу́дто Солёный влюблён в Ири́ну и бу́дто возненави́дел баро́на... Это поня́тно. Ири́на о́чень хоро́шая де́вушка. Она́ да́же похо́жа на Ма́шу, така́я же заду́мчивая. То́лько у тебя́, Ири́на, хара́ктер мя́гче. Хотя́ и у Ма́ши,

---

[1] При́нятый о́браз жи́зни *(лат.).*

впро́чем, то́же о́чень хоро́ший хара́ктер. Я её люблю́, Ма́шу.

В глубине́ са́да за сце́ной: «Ау́! Гоп-гоп!»

Ири́на *(вздра́гивает)*. Меня́ ка́к-то всё пуга́ет сего́дня.

Па́уза.

У меня́ уже́ всё гото́во, я по́сле обе́да отправля́ю свои́ ве́щи. Мы с баро́ном за́втра венча́емся, за́втра же уезжа́ем на кирпи́чный заво́д, и послеза́втра я уже́ в шко́ле, начина́ется но́вая жизнь. Ка́к-то мне помо́жет Бог! Когда́ я держа́ла экза́мен на учи́тельницу, то да́же пла́кала от ра́дости, от бла́гости...

Па́уза.

Сейча́с придёт подво́да за веща́ми.

Кулы́гин. Та́к-то оно́ так, то́лько ка́к-то всё э́то не серьёзно. Одни́ то́лько иде́и, а серьёзного ма́ло. Впро́чем, от души́ тебе́ жела́ю.

Чебуты́кин *(в умиле́нии)*. Сла́вная моя́, хоро́шая... Золота́я моя́... Далеко́ вы ушли́, не догони́шь вас. Оста́лся я позади́, то́чно перелётная пти́ца, кото́рая соста́рилась, не мо́жет лете́ть. Лети́те, мои́ ми́лые, лети́те с Бо́гом!

Па́уза.

Напра́сно, Фёдор Ильи́ч, вы усы́ себе́ сбри́ли.

Кулы́гин. Бу́дет вам! *(Вздыха́ет.)* Вот сего́дня уйду́т вое́нные, и всё опя́ть пойдёт по-ста́рому. Что бы там ни говори́ли, Ма́ша хоро́шая, че́стная же́нщина, я её о́чень люблю́ и благодарю́ свою́ судьбу́... Судьба́ у люде́й ра́зная... Тут в акци́зе слу́жит не́кто Ко́зырев. Он учи́лся со мной, его́ уво́лили из пя́того кла́сса гимна́зии за то, что ника́к не мог поня́ть ut consecutivum[1]. Тепе́рь он ужа́сно бе́дствует, бо́лен и я когда́ встреча́юсь, то говорю́ ему́: «Здра́вствуй, ut consecutivum!» Да, говори́т, и́менно, consecutivum, а сам ка́шляет... А мне вот всю мою́ жизнь везёт, я сча́стлив, вот име́ю да́же Станисла́ва второ́й сте́пени и сам тепе́рь преподаю́ други́м э́то ut consecutivum. Коне́чно, я у́мный челове́к, умне́е о́чень мно́гих, но сча́стье не в э́том...

---

[1] Синтакси́ческий оборо́т в лати́нском языке́.

В до́ме игра́ют на роя́ле «Моли́тву де́вы».

Ири́на. А за́втра ве́чером я уже́ не бу́ду слы́шать э́той «Моли́твы де́вы», не бу́ду встреча́ться с Протопо́повым...

Па́уза.

А Протопо́пов сиди́т там в гости́ной; и сего́дня пришёл...

Кулы́гин. Нача́льница ещё не прие́хала?

Ири́на. Нет. За ней посла́ли. Если б то́лько вы зна́ли, как мне тру́дно жить здесь одно́й, без Оли... Она́ живёт в гимна́зии; она́ нача́льница, це́лый день занята́ де́лом, а я одна́, мне ску́чно, не́чего де́лать, и ненави́стна ко́мната, в кото́рой живу́... Я так и реши́ла: е́сли мне не суждено́ быть в Москве́, то так тому́ и быть. Зна́чит, судьба́. Ничего́ не поде́лаешь... Всё в Бо́жьей во́ле, э́то пра́вда. Никола́й Льво́вич сде́лал мне предложе́ние... Что ж? Поду́мала и реши́ла. Он хоро́ший челове́к, удиви́тельно да́же, тако́й хоро́ший... И у меня́ вдруг то́чно кры́лья вы́росли на душе́, я повеселе́ла, ста́ло мне легко́ и опя́ть захоте́лось рабо́тать, рабо́тать... То́лько вот вчера́ произошло́ что́-то, кака́я-то та́йна нави́сла надо мной...

Чебуты́кин. Реникса. Чепуха́.

Ната́ша (в окно́). Нача́льница!

Кулы́гин. Прие́хала нача́льница. Пойдём.

Ухо́дит с Ири́ной в дом.

Чебуты́кин (чита́ет газе́ту, ти́хо напева́ет). Та-ра-ра.. бу́мбия... сижу́ на ту́мбе я...

Ма́ша подхо́дит; в глубине́ Андре́й провози́т коля́сочку.

Ма́ша. Сиди́т себе́ здесь, поси́живает...

Чебуты́кин. А что?

Ма́ша (сади́тся). Ничего́...

Па́уза.

Вы люби́ли мою́ мать?

Чебуты́кин. Очень.

Ма́ша. А она́ вас?

Чебуты́кин (по́сле па́узы). Этого я уже́ не по́мню.

Ма́ша. Мой здесь? Так когда́-то на́ша куха́рка Ма́рфа говори́ла про своего́ городово́го: мой. Мой здесь?

66

Чебутыкин. Нет ещё.

Маша. Когда берёшь счастье урывочками, по кусочкам, потом его теряешь, как я, то мало-помалу грубеешь, становишься злющей... (*Указывает себе на грудь.*) Вот тут у меня кипит... (*Глядя на брата Андрея, который провозит колясочку.*) Вот Андрей наш, братец... Все надежды пропали. Тысячи народа поднимали колокол, потрачено было много труда и денег, а он вдруг упал и разбился. Вдруг, ни с того ни с сего. Так и Андрей...

Андрей. И когда, наконец, в доме успокоятся. Такой шум.

Чебутыкин. Скоро. (*Смотрит на часы.*) У меня часы старинные, с боем... (*Заводит часы, они бьют.*) Первая, вторая и пятая батарея уйдут ровно в час...

Пауза.

А я завтра.

Андрей. Навсегда?

Чебутыкин. Не знаю. Может, через год вернусь. Хотя, чёрт его знает... всё равно...

Слышно, как где-то далеко играют на арфе и скрипке.

Андрей. Опустеет город. Точно его колпаком накроют.

Пауза.

Что-то произошло вчера около театра; все говорят, а я не знаю.

Чебутыкин. Ничего. Глупости. Солёный стал придираться к барону, а тот вспылил и оскорбил его, и вышло так в конце концов, что Солёный обязан был вызвать его на дуэль. (*Смотрит на часы.*) Пора бы, кажется, уж... В половине первого, в казённой роще, вот в той, что отсюда видать за рекой... Пиф-паф. (*Смеётся.*) Солёный воображает, что он Лермонтов, и даже стихи пишет. Вот шутки шутками, а уж у него третья дуэль.

Маша. У кого?

Чебутыкин. У Солёного.

Маша. А у барона?

Чебутыкин. Что у барона?

Пауза.

Ма́ша. В голове́ у меня́ перепу́талось... Всё-таки я говорю́, не сле́дует им позволя́ть. Он мо́жет ра́нить баро́на и́ли да́же уби́ть.

Чебуты́кин. Баро́н хоро́ший челове́к, но одни́м баро́ном бо́льше, одни́м ме́ньше — не всё ли равно́? Пуска́й! Всё равно́!

За са́дом крик: «Ау́! Гоп-гоп!»

Подождёшь. Это Скворцо́в кричи́т, секунда́нт. В ло́дке сиди́т.

Па́уза.

Андре́й. По-мо́ему, и уча́ствовать на ду́эли и прису́тствовать на ней, хотя́ бы в ка́честве врача́, про́сто безнра́вственно.

Чебуты́кин. Это то́лько ка́жется... Нас нет, ничего́ нет на све́те, мы не существу́ем, а то́лько ка́жется, что существу́ем... И не всё ли равно́!

Ма́ша. Так вот це́лый день говоря́т, говоря́т... (*Идёт.*) Живёшь в тако́м кли́мате, того́ гляди́ снег пойдёт, а тут ещё э́ти разгово́ры... (*Остана́вливаясь.*) Я не пойду́ в дом, я не могу́ туда́ ходи́ть... Когда́ придёт Верши́нин, ска́жете мне... (*Идёт по алле́е.*) А уже́ летя́т перелётные пти́цы... (*Гляди́т вверх.*) Ле́беди и́ли гу́си... Ми́лые мои́, счастли́вые мои́... (*Ухо́дит.*)

Андре́й. Опусте́ет наш дом. Уе́дут офице́ры, уе́дете вы, сестра́ за́муж вы́йдет, и оста́нусь в до́ме я оди́н.

Чебуты́кин. А жена́?

Ферапо́нт вхо́дит с бума́гами.

Андре́й. Жена́ есть жена́. Она́ че́стная, поря́дочная, ну, до́брая, но в ней есть при всём том не́что принижа́ющее её до ме́лкого, слепо́го, э́такого шерша́вого живо́тного. Во вся́ком слу́чае она́ не челове́к. Говорю́ вам как дру́гу, еди́нственному челове́ку, кото́рому могу́ откры́ть свою́ ду́шу. Я люблю́ Ната́шу, э́то так, но иногда́ она́ ка́жется мне удиви́тельно по́шлой, и тогда́ я теря́юсь, не понима́ю, за что, отчего́ я так люблю́ её и́ли по кра́йней ме́ре люби́л...

Чебуты́кин (*встаёт*). Я, брат, за́втра уезжа́ю, мо́жет, никогда́ не уви́димся, так вот тебе́ мой сове́т. Зна́ешь, надéнь шáпку, возьмú в рýки пáлку и уходú… уходú и идú, идú без оглядки. И чем дáльше уйдёшь, тем лýчше.

Солёный прохóдит в глубинé сцéны с двумя офицéрами; увúдев Чебутыкина, он повёрáчивается к немý; офицéры идýт дáльше.

Солёный. Дóктор, порá! Ужé половúна пéрвого *(Здорóвается с Андрéем.)*

Чебутыкин. Сейчáс. Надоéли вы мне все. *(Андрéю.)* Если кто спрóсит меня, Андрюша, то скáжешь, что я сейчáс… *(Вздыхáет.)* Охо-хо-хо!

Солёный. Он áхнуть не успéл, как на негó медвéдь насéл. *(Идёт с ним.)* Что вы кряхтúте, старúк?

Чебутыкин. Ну!

Солёный. Как здорóвье?

Чебутыкин *(сердúто)*. Как мáсло корóвье.

Солёный. Старúк волнýется напрáсно. Я позвóлю себé немнóго, я тóлько подстрелю егó, как вáльдшнепа. *(Вынимáет духú и брызгает нá руки.)* Вот вылил сегóдня цéлый флакóн, а онú всё пáхнут. Онú у меня пáхнут трýпом.

Пáуза.

Так-с… Пóмните стихú? А он, мятéжный, úщет бýри, как бýдто в бýрях есть покóй…

Чебутыкин. Да. Он áхнуть не успéл, как на негó медвéдь насéл. *(Ухóдит с Солёным.)*

Слышны крúки: «Гоп-гоп! Аý!» Андрéй и Ферапóнт вхóдят.

Ферапóнт. Бумáги подписáть…

Андрéй *(нéрвно.)* Отстáнь от меня! Отстáнь! Умоляю! *(Ухóдит с коляёсочкой.)*

Ферапóнт. На то ведь и бумáги, чтоб их подпúсывать. *(Ухóдит в глубинý сцéны.)*

Вхóдят Ирúна и Тýзенбах в солóменной шляпе, Кулыгин прохóдит чéрез сцéну, кричá: «Аý, Мáша, аý!»

Тýзенбах. Это, кáжется, едúнственный человéк в гóроде, котóрый рад, что ухóдят воéнные.

Ирúна. Это понятно.

Пáуза.

Наш го́род опусте́ет тепе́рь.

Ту́зенбах (*погляде́в на часы́*). Ми́лая, я сейча́с приду́.

Ири́на. Куда́ ты?

Ту́зенбах. Мне ну́жно в го́род, зате́м... проводи́ть това́рищей.

Ири́на. Непра́вда... Никола́й, отчего́ ты тако́й рассе́янный сего́дня?

Па́уза.

Что вчера́ произошло́ о́коло теа́тра?

Ту́зенбах (*нетерпели́вое движе́ние*). Че́рез час я верну́сь и опя́ть бу́ду с тобо́й. (*Целу́ет ей ру́ки.*) Ненагля́дная моя́... (*Всма́тривается ей в лицо́.*) Уже́ пять лет прошло́, как я люблю́ тебя́, и всё не могу́ привы́кнуть, и ты ка́жешься мне всё прекра́снее. Каки́е преле́стные, чу́дные во́лосы! Каки́е глаза́! Я увезу́ тебя́ за́втра, мы бу́дем рабо́тать, бу́дем бога́ты, мечты́ мои́ оживу́т. Ты бу́дешь сча́стлива. То́лько вот одно́, то́лько одно́: ты меня́ не лю́бишь!

Ири́на. Это не в мое́й вла́сти. Я бу́ду твое́й жено́й, и ве́рной и поко́рной, но любви́ нет, что же де́лать! (*Пла́чет.*) Я не люби́ла ни ра́зу в жи́зни. О, я так мечта́ла о любви́, мечта́ю уже́ давно́, дни и но́чи, но душа́ моя́, как дорого́й роя́ль, кото́рый за́перт и ключ поте́рян.

Па́уза.

У тебя́ беспоко́йный взгляд.

Ту́зенбах. Я не спал всю ночь. В мое́й жи́зни нет ничего́ тако́го стра́шного, что могло́ бы испуга́ть меня́, и то́лько э́тот потеря́нный ключ терза́ет мою́ ду́шу, не даёт мне спать... Скажи́ мне что-нибудь.

Па́уза.

Скажи́ мне что́-нибудь...

Ири́на. Что? Что сказа́ть? Что?

Ту́зенбах. Что́-нибудь.

Ири́на. По́лно! По́лно!

Па́уза.

Ту́зенбах. Каки́е пустяки́, каки́е глу́пые ме́лочи иногда́ приобрета́ют в жи́зни значе́ние вдруг, ни с того́ ни с сего́. По-пре́жнему смеёшься над ни́ми, счита́ешь пустя-

70

ками, и всё же идёшь и чувствуешь, что у тебя нет сил остановиться. О, не будем говорить об этом! Мне весело. Я точно первый раз в жизни вижу эти ели, клёны, берёзы, и всё смотрит на меня с любопытством и ждёт. Какие красивые деревья, и в сущности какая должна быть около них красивая жизнь!

Крик: «Ау! Гоп-гоп!»

Надо идти, уже пора... Вот дерево засохло, но всё же оно вместе с другими качается от ветра. Так, мне кажется, если я и умру, то всё же буду участвовать в жизни так или иначе. Прощай, моя милая... (Целует руки.) Твои бумаги, что ты мне дала, лежат у меня на столе, под календарём.

Ирина. И я с тобой пойду.

Тузенбах (тревожно). Нет, нет! (Быстро идёт, на аллее останавливается.) Ирина!

Ирина. Что?

Тузенбах (не зная что сказать). Я не пил сегодня кофе. Скажешь, чтобы мне сварили... (Быстро уходит.)

Ирина стоит задумавшись, потом уходит в глубину сцены и садится на качели. Входит Андрей с колясочкой; показывается Ферапонт.

Ферапонт. Андрей Сергеич, бумаги-то ведь не мои, а казённые. Не я их выдумал.

Андрей. О, где оно, куда ушло моё прошлое, когда я был молод, весел, умён, когда я мечтал и мыслил изящно, когда настоящее и будущее моё озарялось надеждой? Отчего мы, едва начавши жить, становимся скучны, серы, неинтересны, ленивы, равнодушны, бесполезны, несчастны... Город наш существует уже двести лет, в нём сто тысяч жителей, и ни одного, который не был бы похож на других, ни одного подвижника ни в прошлом, ни в настоящем, ни одного учёного, ни одного художника, ни мало-мальски заметного человека, который возбуждал бы зависть или страстное желание подражать ему... Только едят, пьют, спят, потом умирают... родятся другие и тоже едят, пьют, спят и, чтобы не отупеть от скуки, разнообразят жизнь свою гадкой сплетней, водкой, картами, сутяжничеством, и жёны обманывают мужей, а мужья лгут, делают вид. что ничего не видят, ничего не слышат, и неотразимо пошлое влияние гнетёт детей, и искра Божия гаснет в них, и они становятся такими же жалкими, похожими друг на друга мертвецами, как их отцы и матери... *(Ферапонту сердито.)* Что тебе?

Ферапонт. Чего? Бумаги подписать.

Андрей. Надоел ты мне.

Ферапонт *(подавая бумаги).* Сейчас швейцар из казённой палаты сказывал... Будто, говорит, зимой в Петербурге мороз был в двести градусов.

Андрей. Настоящее противно, но зато когда я думаю о будущем, то как хорошо! Становится так легко, так просторно; и вдали забрезжит свет, я вижу свободу, я вижу, как я и дети мои становимся свободны от праздности, от квасу, от гуся с капустой, от сна после обеда, от подлого тунеядства...

Ферапонт. Две тысячи людей помёрзло будто. Народ, говорит, ужасался. Не то в Петербурге, не то в Москве — не упомню.

Андрей *(охваченный нежным чувством).* Милые мои сёстры, чудные мои сёстры! *(Сквозь слёзы.)* Маша, сестра моя...

Наташа *(в окне).* Кто здесь разговаривает так громко? Это ты, Андрюша? Софочку разбудишь. Il ne faut pas faire du bruit, la Sophie est dormée déjà. Vous êtes un ours[1]. *(Рассердившись.)* Если хочешь разговаривать, то отдай колясочку с ребёнком кому-нибудь другому. Ферапонт, возьми у барина колясочку!

Ферапонт. Слушаю. *(Берёт колясочку.)*

Андрей *(сконфуженно).* Я говорю тихо.

Наташа *(за окном, лаская своего мальчика).* Бобик! Шалун Бобик! Дурной Бобик!

Андрей *(оглядывая бумаги).* Ладно, пересмотрю и, что нужно, подпишу, а ты снесёшь опять в управу... *(Уходит в дом, читая бумаги; Ферапонт везёт колясочку в глубину сада.)*

Наташа *(за окном).* Бобик, как зовут твою маму? Милый, милый! А это кто? Это тётя Оля, скажи тёте: здравствуй, Оля!

---

[1] Не шумите, Софи уже спит. Вы — медведь! *(искаж. франц.)*

Бродя́чие музыка́нты, мужчи́на и де́вушка, игра́ют на скри́пке и а́рфе: и́з дому выхо́дят Верши́нин, Ольга и Анфи́са и с мину́ту слу́шают мо́лча; подхо́дит Ири́на.

Ольга. Наш сад, как проходно́й двор, че́рез него́ и хо́дят и е́здят. Ня́ня, дай э́тим музыка́нтам что́-нибудь!..

Анфи́са *(подаёт музыка́нтам).* Уходи́те с Бо́гом, серде́чные.

Музыка́нты кла́няются и ухо́дят.

Го́рький наро́д. От сы́тости не заигра́ешь. *(Ири́не.)* Здра́вствуй, Ари́ша! *(Целу́ет её.)* И-и, де́точка, вот живу́! Вот живу́! В гимна́зии на казённой кварти́ре, золота́я, вме́сте с Олю́шкой — определи́л Госпо́дь на ста́рости лет. Отродя́сь я, гре́шница, так не жила́… Кварти́ра больша́я, казённая, и мне це́льная ко́мнатка и крова́тка. Всё казённое. Просну́сь но́чью и — о Го́споди, Ма́терь Бо́жия, счастли́вей меня́ челове́ка не́ту!

Верши́нин *(взгляну́в на часы́).* Сейча́с ухо́дим, Ольга Серге́евна. Мне пора́.

Па́уза.

Я жела́ю вам всего́, всего́… Где Ма́рия Серге́евна?

Ири́на. Она́ где́-то в саду́… Я пойду́ поищу́ её.

Верши́нин. Бу́дьте добры́. Я тороплю́сь.

Анфи́са. Пойду́ и я поищу́. *(Кричи́т.)* Ма́шенька, ау́! *(Ухо́дит вме́сте с Ири́ной в глубину́ са́да.)* А-у́, а-у́!

Верши́нин. Всё име́ет свой коне́ц. Вот и мы расстаёмся. *(Смо́трит на часы́.)* Го́род дава́л нам что́-то вро́де за́втрака, пи́ли шампа́нское, городско́й голова́ говори́л речь; я ел и слу́шал, а душо́й был здесь, у вас… *(Огля́дывает сад.)* Привы́к я к вам.

Ольга. Уви́димся ли мы ещё когда́-нибудь?

Верши́нин. Должно́ быть нет.

Па́уза.

Жена́ моя́ и о́бе де́вочки проживу́т здесь ещё ме́сяца два; пожа́луйста, е́сли что случи́тся и́ли пона́добится…

Ольга. Да, да, коне́чно. Бу́дьте поко́йны.

Па́уза.

73

В го́роде за́втра не бу́дет уже́ ни одного́ вое́нного, всё ста́нет воспомина́нием, и, коне́чно, для нас начнётся но́вая жизнь...

Па́уза.

Всё де́лается не по-на́шему. Я не хоте́ла быть нача́льницей, и всё-таки сде́лалась е́ю. В Москве́, зна́чит, не быть...

Верши́нин. Ну... Спаси́бо вам за всё... Прости́те мне, е́сли что не так... Мно́го, о́чень уж мно́го я говори́л — и за э́то прости́те, не помина́йте ли́хом.

Ольга (утира́ет глаза́). Что ж э́то Ма́ша не идёт...

Верши́нин. Что же ещё вам сказа́ть на проща́ние? О чём пофилосо́фствовать?.. (Смеётся.) Жизнь тяжела́. Она́ представля́ется мно́гим из нас глухо́й и безнадёжной, но всё же, на́до созна́ться, она́ стано́вится всё ясне́е и ле́гче, и, повиди́мому, недалеко́ то вре́мя, когда́ она́ ста́нет совсе́м све́тлой. (Смо́трит на часы́.) Пора́ мне, пора́! Пре́жде челове́чество бы́ло за́нято во́йнами, заполня́я всё своё существова́ние похо́дами, набе́гами, побе́дами, тепе́рь же всё э́то отжи́ло, оста́вив по́сле себя́ грома́дное пусто́е ме́сто, кото́рое пока́ не́чем заполни́ть; челове́чество стра́стно и́щет и, коне́чно, найдёт. Ах, то́лько бы поскоре́е!

Па́уза.

Е́сли бы, зна́ете, к трудолю́бию приба́вить образова́ние, а к образова́нию трудолю́бие. (Смо́трит на часы́.) Мне, одна́ко, пора́...

Ольга. Вот она́ идёт.

Ма́ша вхо́дит.

Верши́нин. Я пришёл прости́ться...

Ольга отхо́дит немно́го в сто́рону, что́бы не помеша́ть проща́нию.

Ма́ша (смотря́ ему́ в лицо́). Проща́й...

Продолжи́тельный поцелу́й.

Ольга. Бу́дет, бу́дет...

Ма́ша си́льно рыда́ет.

Верши́нин. Пиши́ мне... Не забыва́й! пусти́ меня́...

74

пора́... Ольга Серге́евна, возьми́те её, мне уже́... пора́... опозда́л... (*Растро́ганный, целу́ет ру́ки Ольге, пото́м ещё раз обнима́ет Ма́шу и бы́стро ухо́дит.*)

Ольга. Бу́дет, Ма́ша! Переста́нь, ми́лая...

Вхо́дит Кулы́гин.

Кулы́гин (*в смуще́нии*). Ничего́, пусть попла́чет, пусть... Хоро́шая моя́ Ма́ша, до́брая моя́ Ма́ша... Ты моя́ жена́, и я сча́стлив, что бы там ни́ было... Я не жа́луюсь, не де́лаю тебе́ ни одного́ упрёка... Вот и Оля свиде́тельница... Начнём жить опя́ть по-ста́рому, и я тебе́ ни одного́ сло́ва, ни намёка...

Ма́ша (*сде́рживая рыда́ния*). У лукомо́рья дуб зелёный, злата́я цепь на ду́бе том... злата́я цепь на ду́бе том... Я с ума́ схожу́... У лукомо́рья... дуб зелёный...

Ольга. Успоко́йся, Ма́ша... Успоко́йся... Дай ей воды́.

Ма́ша. Я бо́льше не пла́чу...

Кулы́гин. Она́ уже́ не пла́чет... она́ до́брая...

Слы́шен глухо́й, далёкий вы́стрел.

Ма́ша. У лукомо́рья дуб зелёный, злата́я цепь на ду́бе том... Кот зелёный... дуб зелёный... Я пу́таю... (*Пьёт во́ду.*) Неуда́чная жизнь... ничего́ мне тепе́рь не ну́жно....Я сейча́с успоко́юсь... Всё равно́... Что зна́чит у лукомо́рья? Почему́ э́то сло́во у меня́ в голове́? Пу́таются мы́сли.

Ири́на вхо́дит.

Ольга. Успоко́йся, Ма́ша, Ну, вот у́мница... Пойдём в ко́мнату.

Ма́ша (*серди́то*). Не пойду́ я туда́. (*Рыда́ет, но то́тчас же остана́вливается.*) Я в дом уже́ не хожу́, и не пойду́.

Ири́на. Дава́йте посиди́м вме́сте, хоть помолчи́м. Ведь за́втра я уезжа́ю...

Па́уза.

Кулы́гин. Вчера́ в тре́тьем кла́ссе у одного́ мальчуга́на я о́тнял вот усы́ и бо́роду... (*Надева́ет усы́ и бо́роду.*) Похо́ж на учи́теля неме́цкого языка́...(*Смеётся.*) Не пра́вда ли? Смешны́е э́ти мальчи́шки.

Маша. В са́мом де́ле похо́ж на ва́шего не́мца.

Ольга *(смеётся)*. Да.

Ма́ша пла́чет.

Ири́на. Бу́дет, Ма́ша!

Кулы́гин. Очень похо́ж...

Вхо́дит Ната́ша.

Ната́ша *(го́рничной)*. Что? С Со́фочкой посиди́т Прото́по́пов, Михаи́л Ива́ныч, а Бо́бика пусть пока́тает Андре́й Серге́ич. Сто́лько хлопо́т с детьми́... *(Ири́не.)* Ири́на, ты за́втра уезжа́ешь, — така́я жа́лость. Оста́нься ещё хоть неде́льку. *(Уви́дев Кулы́гина, вскри́кивает; тот смеётся и снима́ет усы́ и бо́роду.)* Ну вас совсе́м, испуга́ли! *(Ири́не.)* Я к тебе́ привы́кла и расста́ться с тобо́й, ты ду́маешь, мне бу́дет легко́? В твою́ ко́мнату я велю́ пересели́ть Андре́я с его́ скри́пкой — пусть там пи́лит! — а в его́ ко́мнату мы помести́м Со́фочку. Ди́вный, чу́дный ребёнок! Что за деву́чурка! Сего́дня она́ посмотре́ла на меня́ таки́ми гла́зками и — «ма́ма»!

Кулы́гин. Прекра́сный ребёнок, это ве́рно.

Ната́ша. Зна́чит, за́втра я уже́ одна́ тут. *(Вздыха́ет.)* Велю́ пре́жде всего́ сруби́ть эту ело́вую алле́ю, пото́м вот этот клён... По вечера́м он тако́й некраси́вый... *(Ири́не.)* Ми́лая, совсе́м не к лицу́ тебе́ этот по́яс... Это безвку́сица... На́до что́-нибудь све́тленькое. И тут везде́ я велю́ понаса́жать цвето́чков, цвето́чков, и бу́дет за́пах... *(Стро́го.)* Заче́м здесь на скамье́ валя́ется ви́лка? *(Проходя́ в дом, го́рничной.)* Заче́м здесь на скамье́ валя́ется ви́лка, я спра́шиваю? *(Кричи́т.)* Молча́ть!

Кулы́гин. Разошла́сь!

За сце́ной му́зыка игра́ет марш; все слу́шают.

Ольга. Ухо́дят.

Вхо́дит Чебуты́кин.

Ма́ша. Ухо́дят на́ши. Ну, что ж... Счастли́вый им путь! *(Му́жу.)* На́до домо́й... Где моя́ шля́па и та́льма?

Кулы́гин. Я в дом отнёс... Принесу́ сейча́с. *(Ухо́дит в дом.)*

Ольга. Да, тепе́рь мо́жно по дома́м. Пора́.

Чебуты́кин. Ольга Серге́евна!

Ольга. Что?

Па́уза.

Что?

Чебуты́кин. Ничего́... Не зна́ю, как сказа́ть вам... *(Шёпчет ей на́ ухо.)*

Ольга *(в испу́ге)*. Не мо́жет быть!

Чебуты́кин. Да... Така́я исто́рия... Утоми́лся я, заму́чился, бо́льше не хочу́ говори́ть... *(С доса́дой.)* Впро́чем, всё равно́!

Ма́ша. Что случи́лось?

Ольга *(обнима́ет Ири́ну)*. Ужа́сный сего́дня день... Я не зна́ю, как тебе́ сказа́ть, моя́ дорога́я...

Ири́на Что? Говори́те скоре́й: что? Бо́га ра́ди! *(Пла́чет.)*

Чебуты́кин. Сейча́с на дуэ́ли уби́т баро́н...

Ири́на. *(ти́хо пла́чет)*. Я зна́ла, я зна́ла...

Чебуты́кин *(в глубине́ сце́ны сади́тся на скамью́)*. Утоми́лся... *(Вынима́ет из карма́на газе́ту.)* Пусть попла́чут... *(Ти́хо напева́ет.)* Та-ра-ра-бу́мбия... сижу́ на ту́мбе я... Не всё ли равно́!

Три сестры́ стоя́т, прижа́вшись друг к дру́гу.

Ма́ша. О, как игра́ет му́зыка! Они́ ухо́дят от нас, оди́н ушёл совсе́м, совсе́м, навсегда́, мы оста́немся одни́, чтобы нача́ть на́шу жизнь сно́ва. На́до жить... На́до жить...

Ири́на *(кладёт го́лову на грудь Ольги)*. Придёт вре́мя, все узна́ют, заче́м всё э́то, для чего́ э́ти страда́ния, никаки́х не бу́дет тайн, а пока́ на́до жить... на́до рабо́тать, то́лько рабо́тать! За́втра я пое́ду одна́, бу́ду учи́ть в шко́ле и всю свою́ жизнь отда́м тем, кому́ она́, быть мо́жет, нужна́. Тепе́рь о́сень, ско́ро придёт зима́, засы́плет сне́гом, а я бу́ду рабо́тать, бу́ду рабо́тать...

Ольга *(обнима́ет обе́их сестёр)*. Му́зыка игра́ет так ве́село, бо́дро, и хо́чется жить! О Бо́же мой! Пройдёт вре́мя, и мы уйдём наве́ки, нас забу́дут, забу́дут на́ши ли́ца, голоса́ и ско́лько нас бы́ло, но страда́ния на́ши перейду́т в ра́дость для тех, кто бу́дет жить по́сле нас, сча́стье и мир наста́нут на земле́, и помя́нут до́брым сло́вом и благословя́т тех, кто живёт

теперь. О, ми́лые сёстры, жизнь на́ша ещё не ко́нчена. Бу́-
дем жить! - Му́зыка игра́ет так ве́село, так ра́достно, и, ка́жет-
ся, ещё немно́го, и мы узна́ем, заче́м мы живём, заче́м
страда́ем... Если бы знать, если бы знать!

Му́зыка игра́ет всё ти́ше и ти́ше; Кулы́гин, весёлый, улыба́ющийся,
несёт шля́пу и та́льму, Андре́й везёт коля́сочку, в кото́рой сиди́т
Бо́бик.

Чебуты́кин *(ти́хо напева́ет).* Тара... ра... бу́мбия...
сижу́ на ту́мбе я... *(Чита́ет газе́ту.)* Всё равно́! Всё равно́!
Ольга. Если бы знать, если бы знать!

Занавес

NOTES

page 12 *Máша . . . сидúт и читáет кнúжку* In the original Moscow
Art Theatre production Masha in fact sat idly with her back
to the audience, the better to emphasise her lassitude.

именúны the Saint's day or Name-day is celebrated in much the
same way as a true birthday.

мéжду тем нарóду шло мáло "and yet very few people attend-
ed the funeral." A large following would have been expected
at a general's funeral.

13 *Чёрта с два* "of course not," "nothing of the sort."

Тóлько вот останóвка за бéдной Мáшей "There is just this
complication about Masha" (who cannot leave because of her
husband, the schoolmaster Kulygin).

Это к немý не идёт "that does not suit him."

14 *всё от Бóга* "everything has been decreed by God."

слáвный мáлый "a fine chap."

ничегó себé "not particularly." Chekhov is pointing out that
Vershinin is pleasant, but in no way remarkable.

15 *не то что человéком, лýчше быть волóм* "let alone a human
being, it would be better to be an ox."

два часá одевáется "takes two hours over getting
dressed."

Тоскá по трудé "A longing for work."

16 *предубеждéние к трудý* "prejudice against work.',

Вы не в счёт "You are not counted."

я вспылю́ и всажý вам пýлю в лоб "I will get angry and plant
a bullet in your forehead." This is of course prophetic of the
Baron's fate.

не удáрил пáльцем о пáлец "never did a stroke of work."
Lit. "Did not strike one finger against the other."

Добролюбов (1836—1861). Radical critic and contributor to
the magazine Sovremennik.

У лукоморья дуб зелёный ... The opening lines of Pushkin's "Ruslan and Ludmila", which would be familiar to most educated Russians.

Уходить с именин To leave a Name-day celebration is most unusual, not to say rude, especially on the part of a member of the family.

17 *по тридцать — сорок офицеров* "up to thirty or forty officers."

Он ахнуть не успел... Lines from Krylov's fable, "The Peasant and the Workman." "He did not have time to cry out before the bear fell upon him."

земская управа The zemstvo or local council. This instrument of local government was established in 1864. It was largely ineffective in solving the social problems which confronted it, but did represent at its best a measure of democratic government, and as such had an appeal to the liberal-minded intellectual such as Andrei.

Потапыча или Иваныча Masha's dislike and scorn is emphasised by her ignorance of, or disregard for, Protopopov's patronymic.

18 *Ну вас совсём* "That is quite enough of that," "stop it."

Ай! ай! Ой! ой! A wistful or sighing expression, usually involving three or more repeats, rather than two.

19 *Вас все дразнили почему-то майором* "For some reason everybody nicknamed you 'major'."

20 *Одинокому становится грустно на душе* "On one's own one becomes sad."

царство ей небесное Lit. "Heavenly Kingdom to her," "God rest her soul."

Ново-Девичий The famous monastery on the then edge of Moscow, a fashionable burying place, where Chekhov's body lies, and where his wife Olga Knipper was buried in 1959.

22 *мастер на все руки* "expert at everything he undertakes."

23 *ничего не вышло* "nothing came of it."

о том, о сём "about this and that."

Вот-те на! "Well now!" "Imagine that!"

вам не победить "you will not conquer," "you cannot conquer."

24 *Я остаюсь завтракать* "I am staying for lunch." Masha is by now thoroughly interested in what Vershinin has to say.

Ну, да что! "Well, what of it," "well, never mind."

немец Tuzenbach is always prepared to be mistaken for a German because of his name.

в форменном фраке In the uniform type of coat which was worn by teachers and civil servants, as well as soldiers.

25   *от не́чего де́лать* "from having nothing (better) to do," "from boredom."

26   *У меня́ уж прошло́* "I got over that a long time ago."

27   *здесь в до́ме свой челове́к, Ма́шин муж* "I am at home here, being Masha's husband." *Ма́шин* — adjectival form of Masha.

    Мне у вас так хорошо́ "I find it so pleasant here."

    не в ду́хе "out of sorts."

28   *Ка́жется причёсана ничего́ себе́* "My hair does not look too bad."

    Ра́зве есть приме́та? "Is there anything against it?" (Is it unlucky, a bad omen?)

    Выходи́ть (за́муж) to get married.

    Эх-ма́, жизнь мали́новая, где на́ша не пропада́ла "Well, life is fine, whatever may come of it." *Где на́ше не пропада́ло* is said when something has been done involving a risk.

    Ты ведёшь себя́ на́ три с ми́нусом All school work in Russia was marked on a five-point system. "Three minus" is therefore just below average. This system still applies in present-day Soviet schools.

29   *чего́ до́брого* "by any chance," "by any misfortune," "perhaps."

30   *что со мной де́лается?* "what is happening to me?"

    нас здесь не ви́дно им "they cannot see us here."

    Ничего́, я так то́лько "It does not matter, I was only wondering."

    Ма́сленица Formerly an ancient Slav festival associated with the end of winter, it coincided with the Christian Shrovetide. It was a time of feasting and general merriment.

    прислу́га сама́ не своя́, гляди́ да и гляди́, чтоб чего́ не вы́шло "The servants are not themselves; one must keep an eye open in case something goes wrong."

31   *Кто зажёг, так и не доби́лась то́лку* "I have not been able to find out who lit it."

    лу́чше пуска́й дие́та "it would be better to put him on a diet."

    ря́женые mummers; people dressed in masks and fancy costumes who helped to celebrate the Shrovetide carnival by going round homes in the manner of carol singers.

    Да ведь э́то как сёстры "Surely that is up to my sisters," "surely that depends on how my sisters decide."

32   *да не пуска́ли все* "but they simply would not let me in."

    у Те́стова и́ли в Большо́м Моско́вском Two Moscow restaurants — "Tyestov's" and "The Great Moscow".

бу́дто Lit. "as if," A method of reporting which still leaves room for an element of doubt.

Мне идти́? "Shall I go now?"

34 *Я бы вы́пил ча́ю* "I would not mind some tea."

он хвата́ет так невысоко́ "he settles for so little," "he sets his sights so low."

35 *Вы с предрассу́дками?* "Are you superstitious?"

Так глу́по вы́шло "It was all so stupid," lit. "it turned out so stupidly."

36 *а э́та не по мне* "this one does not suit me," "this one is beyond my ability."

37 *де́ло не в сро́ке* "it is not the length of time that matters."

38 *до кото́рых вам нет де́ла* "which are no concern of yours."

39 *Го́голь* (1809—1852). Satirist, author of "The Government Inspector" and "Dead Souls." The lines used by Masha conclude Gogol's "The Story of how Ivan Ivanovich Quarreled with Ivan Nikiforovich."

Ну вас совсе́м An expression of mild despair. "I give up."

Бальза́к венча́лся в Берди́чеве. Balzac was married in Berdichev, a town in. W. Russia.

на Моско́вской у Пы́жикова In Moscow Street, at Pyzhikov's.

40 *на днях* "the other day."

Мини́стр был осуждён за Пана́му "The minister was sentenced for his part in the Panama affair" — a fraudulent speculation involving the highest government circles.

41 *Да́йте же мне сесть* "Let me sit down," "move over."

Раз я зла́я "If (you think) I'm bad-tempered."

При твое́й прекра́сной нару́жности "With your good looks." Natasha is becoming more and more patronising.

е́сли бы не э́ти твои́ слова́ "if it were not for these expressions of yours."

Il parait, que mon *Бо́бик* déja ne dort pas. A very Russian word order, taken exactly from *Ка́жется, мой Бо́бик уже́ не спит.* Where French was spoken more widely at the beginning of the 19th Century, coming from Natasha at this time, it is highly affected.

42 *Але́ко* The hero of Pushkin's poem "The Gipsies." None of the associated quotations derives from that poem.

то ничего́, я как все "Then it does not matter, I am like anybody else."

Куда́ ни шло, напью́сь сего́дня "Whatever happens, I am going to get drunk today."

У меня хара́ктер Ле́рмонтова. Я да́же немно́жко похо́ж на Ле́рмонтова Chekhov explains: «*Действи́тельно, Соле́ный ду́мает, что он похо́ж на Ле́рмонтова; но он, коне́чно, не похо́ж — смешно́ да́же ду́мать об э́том . . . Гримирова́ться он до́лжен Ле́рмонтовым. Схо́дство с Ле́рмонтовым грома́дное, но по мне́нию одного́ лишь Соле́ного.*" (Letter to I. A. Tikhomirov, who played Fedotik, January 14, 1901).

43   *Чехартма́, череми́а* Both Solyony and Chebutykin are correct as regards the word they have in mind.

    Ах вы се́ни a well-known folk-song.

    вы́пьем на ты "let us drink to friendship." *Быть на ты* is to be on such terms that one uses the familiar form *ты*.

    Пуска́й хоть три. Тем лу́чше "Let us say there are three. So much the better."

44   *Где на́ша не пропада́ла!* "Look what we have come to!"

45   *Так-то оно́ так, да одино́чество* "That is all very well, but then there is the loneliness."

    ку́хней "by way of the kitchen."

    Пусть извиня́т "Ask them to excuse us," lit. "let them excuse us."

46   *я по-дома́шнему* "I am not dressed for visitors."

    то тебя́ нет, то мне не́когда "either you are out, or I have not the time."

47   *Вот тебе́ и раз* "That is strange."

48   *не́што, говорю́, мо́жно так* "You cannot stay there like that, I said."

    Ферапо́нта позвала́ бы, а то не донесу́ "I had better call Ferapont, or I won't be able to take all this."

49   *В двена́дцатом году́ . . . францу́зы* This refers to the French invasion of 1812 under Napoleon.

    все ска́жут: пошла́! "everyone will say: send her away!" ("Let her go.")

50   *Это мне не по си́лам* "I am not strong enough for it."

51   *И е́сли я говорю́ что насчёт прислу́ги . . .* "If I say something which concerns the servants."

    И чтоб за́втра не́ было здесь э́той ста́рой воро́вки "And see that that old thief leaves this house by tomorrow."

52   *на За́сыпи* at Zasyp.

    Вы бы, до́ктор, шли спать "You ought to go to bed, doctor."

53   *ни на что не похо́ж* "I look like nothing on earth."

    Ца́рство По́льское Poland.

бу́дто в Читу́ "It might have been to Chita," (a town in the far east of Russia).

54   *Не уго́дно ль э́тот фини́к вам приня́ть. «Чебуты́кин поёт то́лько слова́: «Не уго́дно ль э́тот фини́к вам приня́ть...» Это слова́ из опере́тки, кото́рая дава́лась когда́-то в Эрмита́же. Назва́ния не по́мню, спра́виться, е́сли уго́дно, мо́жете у архите́ктора Ше́хтеля. Друго́го ничего́ Чебуты́кин петь не до́лжен, ина́че ухо́д его́ затя́нется".* (Letter to Tikhomirov, January 14, 1901).

55   *Любви́ все во́зрасты поко́рны, её поры́вы благотво́рны.* The exact quotation (from Pushkin's "Eugene Onegin") is:

> *Любви́ все во́зрасты поко́рны;*
> *Но ю́ным, де́вственным сердца́м*
> *Её поры́вы благотво́рны,*
> *Как бу́ри ве́шние поля́м.*

Трам-там-там... там-там «Верши́нин произно́сит «трам-трам-трам» — в ви́де вопро́са, а ты — в ви́де отве́та, и тебе́ э́то представля́ется тако́й оригина́льной шту́кой, что ты произно́сишь э́то «трам-трам» с усме́шкой. Проговори́ла «трам-трам» — и засмея́лась, но не гро́мко, а так, чуть-чуть.» (Letter to Olga Knipper, 20th January, 1901).

Мысль э́ту мо́жно бы бо́лее поясни́ть, да бою́сь, как бы гусе́й не раздразни́ть "It would be possible to explain this point further, but I am afraid to provoke the geese." (From Krylov's fable "The Geese").

56   *Шёл бы домо́й* "You ought to go home."

57   *На что тебе́?* "Why are you making such a fuss?"

59   *го́голевский сумасше́дший* "The Memoirs of a Madman" (1835).

60   *е́здиют* a corruption of *е́здят*. Both Anfisa and Ferapont speak in dialect.

    здоро́во-живёшь "without any cause", "for no reason at all".

62   *На той стороне́* "on the other side."

63   *Гоп-гоп* a shout used to encourage a horse or dog to jump. Here used by Rodé to call forth an echo.

    Чего́ до́брого жени́тесь "perhaps (with any luck) you will get married."

    Это вам на па́мять "Take this as a souvenir."

64   *«чепуха́», «рениксд»* — *«чепуха́»* written in Cyrillic cursive could be misread as "renixa" in Roman.

65   *Так-то оно́ так* "That is all very well."

page	
	А мне всю мою жизнь везёт "I have been lucky all my life."
	Станислав второй степени The order of St. Stanislav, second class, a civil decoration.
66	*Молитва девы* "The Maiden's Prayer," played here by Natasha.
	то так тому и быть "so be it."
67	*шутки шутками, а . . .* "it is all very well to joke, but . . ."
68	*того гляди снег пойдёт* "you must be prepared for it to start snowing at any moment."
69	*А он, мятежный, ищет бури, как будто в бурях есть покой* the final lines from Lermontov's *«Парус»*.
	На то ведь и бумаги, чтоб их подписывать "What are papers for if not for signing?"
71	*мало-мальски* "even slightly," "in the least."
73	*От сытости не заиграешь* Lit. "You do not begin to play because of satiety," i.e. "They would not be playing like that if they had full stomachs."
	на старости лет "in old age."
75	*что бы там ни было* "whatever happens."
77	*можно по домам* "we can go home" (to our respective homes).

85

BIBLIOGRAPHY

Biography

Hingley, R., *A New Life of Anton Chekhov*, Oxford University Press, 1976 (Oxford paperback 1989).

Magarshack, D., *Chekhov: a life*, Faber & Faber, London, 1952.

McVay, G., *Chekhov: A Life in Letters*, Folio Society, London, 1994.

Context

Berdnikov, G.P., *Chekhov – Dramaturg: traditsii i novatorstvo v dramaturgii A.P. Chekhova*, Iskusstvo, Moscow, 1981.

Bruford, W.H., *Chekhov and his Russia: a sociological study*, Routledge & Kegan Paul, London, 1948.

Hellman, L., *The Selected Letters of Anton Chekhov*, Picador, London, 1984.

Karlinsky, S., *Letters of Anton Chekhov*, The Bodley Head, London, 1973; reprinted as *Anton Chekhov's Life and Thought: selected letters and commentaries*, Northwestern University Press, Evanston, 1997.

Pitcher, H., *Chekhov's Leading Lady: a portrait of the actress Olga Knipper*, John Murray, London, 1979.

Tulloch, J., *Chekhov: a structuralist study*, Macmillan, London, 1980.

Worrall, N. (compiler), *File on Chekhov*, Methuen, London, 1986.

Commentaries

Brahms, C., *Reflections in a Lake: a study of Chekhov's four greatest plays*, Weidenfeld & Nicolson, London, 1976.

Gilman, R., *Chekhov's Plays: an opening into eternity*, Yale University Press, New Haven & London, 1995.

McVay, G., *Chekhov's 'Three Sisters'*, Bristol Classical Press, London, 1995.

Magarshack, D., *Chekhov the Dramatist*, Eyre Methuen, London, 1980.

Paperny, Z.S., *Vopreki vsem pravilam*, Iskusstvo, Moscow, 1982.

Peace, R., *Chekhov: a study of the four major plays*, Yale University Press, New Haven & London, 1983.

Pitcher, H., *The Chekhov Play: a new interpretation*, Chatto & Windus, London, 1973; University of California Press, 1984.

Senelick, L., *Anton Chekhov*, Macmillan, London, 1985.

Styan, J.L., *Chekhov in Performance: a commentary on the major plays*, Cambridge University Press, 1971.

Valency, M., *The Breaking String: the plays of Anton Chekhov*, Oxford University Press, 1966 (Oxford paperback, 1969).

Critical essays

Barricelli, J.-P. (ed.), *Chekhov's Great Plays: a critical anthology*, New York University Press, 1981.

Clyman, T.W. (ed.), *A Chekhov Companion*, Greenwood Press, Westport, Conn., 1985.

Emeljanow, V. (ed.), *Chekhov: the critical heritage*, Routledge & Kegan Paul, London, 1981.

Jackson, R.L. (ed.), *Chekhov: a collection of critical essays*, Prentice-Hall, Englewood Cliffs, New Jersey, 1967; 1987.

Wellek, R. and N. (eds.), *Chekhov: new perspectives*, Prentice-Hall, Englewood Cliffs, New Jersey, 1984.

VOCABULARY

А

аллéя avenue
акцúз excise office
áрфа harp
áхнуть p/imp **áхать** to exclaim, gasp

Б

баловствó over-indulgence; naughtiness
барáнина mutton
бáржа barge
бáрин gentleman, master; "sir"
бáрышня young lady
бáста! enough!
батарéя battery
бáтюшка "father"
бахромá fringe
бéгать; бежáть, по- to run
бéдный poor
бедняжка poor thing, poor dear
бéдствовать (imp.) to live in poverty
безвкýсица bad taste, tawdriness
безнадéжный hopeless
безнрáвственный immoral
безýмный mad, insane
бéлый white
бельё linen; under-clothing
берёза birch tree
бесéдовать, по- to chat
бесконéчный endless
беспокóйный restless, agitated, disturbed
бесполéзный useless

бить, по- to hit, strike
благоговéние reverence, awe
благодарúть, по- to thank
благодаря́ + dat. thanks to
благодýшный placid, complacent, genial
благорóдный noble, honourable
благословúть p/imp **благословля́ть** to bless
блáгость goodness, blessedness
благотвóрный beneficial
благоугóдный compliant, well-behaved, meek
блажéнство bliss, blessedness
блéдность paleness, pallor
блéдный pale
блеск lustre, shine, gloss
блúзкий near
блин pancake
Бог (Бóже мой) God (My God!)
богáтый rich
бóдрый cheerful
Бóжий, -ья, -ье God's
бой battle; strike (of clock)
боковóй side, sidelong
бóлее, бóле more
болéзненный sickly; sore; morbid
болéзнь illness
болéть; болéю, болéешь, за- to be ill, fall ill
болéть; болúт, боля́т (imp.) to ache
болтáться (imp.) to knock about, spend one's time
больнóй sick, ill

бо́льше more
большинство́ majority
борода́ beard
борьба́ fight, struggle
боя́ться + gen. to fear
брани́ться, по- to quarrel
брать imp/p взять to take
бра́ться за + acc. to hold; to
    take up; begin
бре́дить (imp.) to rave, wander,
    be delirious
бретте́р (брете́р) bully
брига́да brigade
броди́ть; брести́, по- to wander
бродя́чий vagabond
бро́сить p/imp броса́ть to throw;
    to give up
бры́згать, за- to sprinkle,
    splash
буде́нчик (sleigh-) bell
бу́дто (как бу́дто) as if
бу́дущий (бу́дущее) future (adj.)
    (the future — noun)
бульва́р boulevard, avenue
бу́ря storm
буты́лка bottle
быва́ть, по- to frequent;
    to happen
бы́стрый quick, swift
бытие́ existence
быть мо́жет perhaps

В

ва́жный important
ва́льдшнеп woodcock
валя́ться (imp.) to roll about, lie
    about
вверх upwards
вдали́ in the distance
вдво́е twice, double
вдвоём two together
вдре́безги in pieces, smithereens
вдруг suddenly

веду́щий leading
ведь surely, why
ве́дьма witch
ве́жливый polite, respectful
везде́ everywhere
везёт (мне) I am lucky, in luck
везти́ (see возить) to carry,
    transport
век age, century
веле́ть, по- + dat. to order,
    command
великоле́пие magnificence,
    marvel
великоле́пный splendid,
    magnificent
венча́ться, об-, по- to be
    married
ве́ра belief, faith
ве́рить, по- + dat. to believe
ве́рный true, trustworthy
верну́ться p/imp возвраща́ть-
    ся to return
вероя́тный probable
вероя́тность (по всей вероя́т-
    ности) probability (in all
    probability)
верста́ verst (³/₄ of a mile)
весели́ться, раз- to be cheerful,
    enjoy oneself
весёлый cheerful, gay, bright
весна́ spring
вести́ (see водить) to lead
вести́ себя́ to behave
ве́тер wind
ве́чер evening
ве́чный eternal, endless
вещь (ве́щи) thing (luggage)
взволно́ванный disturbed,
    agitated
взгляд glance; view
взгляну́ть imp/p взгля́дывать
    to glance
вздор nonsense, rubbish
вздох sigh

вздра́гивать imp/p вздро́гнуть to shudder; to start

вздумать (p.) to take it into one's head

вздыха́ть imp/p вздохну́ть to sigh

взять p/imp брать to take

вид (де́лать вид) aspect, air; view; sort (to pretend)

вида́ть (= ви́деть)

ви́деть, у- to see

ви́дный visible, clear

ви́лка fork

винец́ (dim. of вино́) wine

вини́тельный (паде́ж) accusative (case)

винова́тый guilty

вкус taste

вку́сный tasty

власть power

влия́ние influence

влюблённый in love

вме́сте (с + inst.) together

вме́сто + gen. instead of

внача́ле in the beginning, to start with

вне + gen. outside

вниз, внизу́ downstairs, below

внима́ние attention

во́все не not at all

во-вторы́х secondly

води́ть; вести́, по- to lead

вое́нный military

вое́нные soldiers

возбужда́ть imp/p возбуди́ть to excite, arouse, provoke

возвы́шенный elevated, exalted

во́здух air

возду́шный шар balloon

вози́ть; везти́, по- to carry, transport

возмути́тельный annoying, troubling

возмуща́ть imp/p возмути́ть to anger, rouse; to trouble

во́зраст age

война́ war

войти́ p/imp входи́ть to go in, enter

вокза́л station

вол ox

волнова́ть, вз- to agitate, excite, disturb, alarm

во́лос hair

волчо́к (humming) top

во́ля will

вообража́ть imp/p вообрази́ть to imagine

вообще́ in general

во-пе́рвых firstly, first of all

вопро́с question

воро́вка thief (f.)

воротни́к collar

восклица́ние exclamation

воскре́сный день Sunday

воспита́ние upbringing, education

воспи́танный educated, well-bred

воспомина́ние recollection

восто́рг delight, rapture

в-тре́тьих thirdly

впереди́ in front; in the future

вполго́лоса in a low voice

впро́чем incidentally

врать, со- to lie, to tell a lie

врач doctor (medical)

вре́дный harmful

вре́мя time

вро́де in the nature of

всади́ть p/imp вса́живать to plant, lodge

всё all, everything; still, all the time

всё равно́ it is all one, all the same

всё-таки nevertheless

вскри́кивать imp/p вскри́кнуть to cry out

всма́триваться imp/p всмотре́ться to gaze

всплеснýть p/imp всплёски-
вать рукáми to throw up
one's arms
вспоминáть imp/p вспóмнить
to recall, remember
вспоминáться imp/p вспóм-
ниться to come to mind
вспотéвший perspiring
вспылúть p/imp пылáть to fly
into a temper
вставáть imp/p встать to get up
встревóженный anxious,
alarmed
встречáть imp/p встрéтить to
meet
всякий any, every; anyone
вторóй second
втрóе thrice as
втыкáться imp/p воткнýться
to be thrust into, pass through
входúть imp/p войтú to enter,
go in
выбегáть imp/p вы́бежать to
run out
вы́брать p/imp выбирáть to
select, elect
вы́бритый shaven
вы́бросить p/imp выбрáсывать
to throw out
выглядывать imp/p вы́гля-
нуть to look out, peer
вы́дать p/imp выдавáть зáмуж
to give in marriage
вы́дохнуться p/imp выдыхáть-
ся to become exhausted, lose
energy
вы́думать p/imp выдýмывать
to imagine, invent
вы́ехать p/imp выезжáть to
drive, travel away
вы́звать p/imp вызывáть на
дуэль to challenge to a duel
вы́лить p/imp выливáть to pour
out

вы́йти p/imp выходúть to go
out; to turn out, happen
вы́йти зáмуж to marry (of woman)
вы́мытый washed, scrubbed
вынимáть imp/p вы́нуть to take
out
выпадéние falling out, loss (of
hair)
выпáливать imp/p вы́пилить to
saw, make with saw
вы́пить p/imp выпивáть to
drink, drink up
вы́пустить p/imp выпускáть to
release
выражéние expression
вы́расти p/imp вырастáть to
grow, grow up
высóкий high, elevated
высокоблагорóдие (your) wor-
ship, sir
высокопáрный high-flown,
bombastic
вы́сохнуть p/imp высыхáть to
dry up, wither
вы́спаться p/imp высыпáться
to sleep well, have a good sleep
вы́стрел shot
вы́сший highest
вытирáть imp/p вы́тереть to
wipe, dry
вы́учка instruction
выходúть imp/p вы́йти to go out
выходúть зáмуж to marry (of
woman)

Г

гáдкий wicked, foul
гармóника accordion
гáснуть, по- to go out, be
extinguished
гвоздь nail
где-то somewhere
гимназúст schoolboy

91

гимна́зия (high) school
гла́вный main
гла́дить, по- to stroke, smooth
глаз (dim. глазо́к) eye
глубина́ depth
глубо́кий deep, profound
глу́пость stupidity
глу́пый stupid
глухо́й deaf; dense (wood); lonely (place)
гляде́ть, по- to look, glance
гляде́ться, по- to look at oneself
гнать, до-, пере- to chase, drive away (imp.); to catch (p.)
гнести́ (imp.) to press, oppress
гнёт oppression
гнило́й putrid, rotten
говори́ть imp/p сказа́ть to say, tell
говори́ть, по- to speak, have a talk
го́голевский from Gogol'
год (dim. годо́чек) year
голова́ head
го́лос voice
голубо́й light-blue
голу́бчик my dear
гоню́, го́нишь (see гнать)
горди́ться (imp.) + inst. to be proud of
горе́ть, по-, с- to burn, burn down
го́рничная maid-servant
городи́ть (imp.) to talk nonsense, drivel
городово́й policeman
городско́й town (adj.)
городско́й голова́ mayor
го́рький bitter
господи́н (pl. господа́) Mr.; gentleman
Госпо́дь (voc. Го́споди) God, the Lord
гости́ная drawing room

гость guest
гото́виться, при-, под- to prepare
гото́вый ready, prepared
гра́бить, раз- to rob, plunder, sack
гра́дус degree
графи́нчик decanter
гре́шник, гре́шница sinner
гре́шный sinful
грома́да mass; here: "storm clouds"
грома́дный huge
гро́мкий loud
грубе́ть, по- to become rude, coarse
гру́бость rudeness, coarseness
гру́бый rude, coarse
грудно́й sucking, breast-fed
грудь breast, chest
гру́стный sad
губе́рнский го́род provincial town
гуде́ть, за- to drone, buzz, moan
гул rumble, roar, howl
гуля́ть, по- to stroll
гусь goose

Д

дава́йте let us; come on!
да́веча the other day
давно́ long ago, a long time
да́лее (и так да́лее) further (etcetera)
далёкий distant, far
да́льше further
дать p/imp дава́ть to give; to allow
дверь door
дви́гаться imp/p дви́нуться to move
движе́ние movement
дво́йка the two
двор yard, court

де́ва girl, maid
деви́ческий maiden, girlish
де́вочка girl, little girl
де́вушка girl
девчу́рка little girl
дед grandfather, old man
де́йствие action; act (in play)
декора́ция setting, scenery
де́лать, с- to do, make
де́лать вид to pretend
де́латься, с- to become
де́ло (на, в са́мом де́ле) business, affair (indeed, in fact)
денщи́к batman
день (dim. денёк) day
де́ньги (pl. only) money
дере́вня country, countryside; village
де́рево (pl. дере́вья) tree
держа́ть, по- to hold, keep
держа́ть экза́мен to sit an examination
де́ти (sing. дитя́) children
де́точка little child
де́тская nursery (adj. child's)
де́тство childhood
диви́зня division
дивизио́нно by divisions
ди́вный wonderful, heavenly, delightful
дие́та diet
дире́ктор headmaster
дли́нный long
дневни́к diary
доба́ться p/imp добива́ться to strive for (imp.); to attain (p.)
доба́ться то́лку to get a straight answer
до́брый kind
дово́льно enough; fairly
дово́льный satisfied
догна́ть p/imp догоня́ть to catch, overtake

дожива́ть imp/p дожи́ть to attain, live until
дозвони́ться (p.) to ring until an answer is obtained
доказа́ть p/imp дока́зывать to show, prove
долг debt; duty
до́лгий long, prolonged
до́лго for a long time
до́лжен, должна́, etc. duty bound (I must, etc.)
должно́ быть it must be
до́лжность duty, office, employment
до́ля share; lot, fate
до́ма at home
домо́й homewards, home
донести́ p/imp доноси́ть to inform
допуска́ть imp/p допусти́ть to allow, admit
дорого́й dear, expensive
доса́да vexation
доса́дный (мне доса́дно) annoying, vexing (I am annoyed)
достава́ть imp/p доста́ть to get, obtain
дости́чь (дости́гнуть) p/imp достига́ть to reach, attain
до́чиста completely
дочь daughter
дразни́ть, за- to tease, provoke, mock
дре́вний ancient
друг friend
друг дру́га, друг дру́гу, etc. each other
други́е the others, others
друго́й other
дру́жба friendship
дру́жный friendly
дуб oak
ду́мать, по-, вз- to think
дура́к fool

дура́читься, по- to play the fool
ду́ся my dear
ду́ться, на- to pout
дух (не в ду́хе) spirit, mood; smell (out of sorts)
духи́ (pl. only) scent, perfume
душа́ soul, spirit, mind, heart
дыми́ть, за- to smoke (burn badly)

Е

едва́, едва́ ли hardly, scarcely
едва́ не nearly, almost
еди́нственный only, sole
ежедне́вно daily
ело́вый fir (adj.)
ель fir-tree
есть (pres. tense of быть) is, are
есть, съ- to eat
ещё (ещё не) still (not yet)

Ж

жа́жда thirst, craving
жале́ть, по- to pity; to regret
жа́лкий pitiful
жа́ловаться, по- to complain
жа́лость pity, compassion
жаль (мне жаль) it is a pity (I am sorry)
жар heat; temperature; ardour
жа́реный roasted, fried
жарко́е roast meat
ждать, подо- to wait
жела́ние desire, wish
жела́ть, по- to desire, wish
желе́зная доро́га railway
желтова́тый yellowish
жена́ wife
жена́тый married (of man)
жени́ться (p. and imp.) to marry
жени́х (dim. женишо́к) fiancé, intended
же́нский female, feminine

же́нщина woman
живо́й living, live, lively
живо́тное animal
жизнь life
жи́тель inhabitant, dweller
жить, по-, про- to live
жре́бий (жре́бий бро́шен) lot, fate (the die is cast)
жура́вль crane

З

заболева́ть imp/p заболе́ть to fall ill
забо́та care, worry
забра́ть p/imp забира́ть to appropriate
забре́зжить p/imp бре́зжить to break (of dawn)
забыва́ть imp/p забы́ть to forget
завести́сь p/imp заводи́ться to appear, turn up
зави́довать (imp.) to envy
за́висть envy, jealousy
заво́д factory, mill
заводи́ть imp/p завести́ часы́ to wind up (clock or watch)
заволнова́ться p/imp волнова́ться to become agitated, stir
за́втра tomorrow
за́втрак breakfast, lunch
за́втракать, по- to breakfast, lunch
заглуша́ть imp/p заглуши́ть to drown, suppress; to soothe
загля́дывать imp/p загляну́ть to look in, have a look at
загороди́ть p/imp загора́живать to block, obstruct, shut off
загрязня́ться p/imp загрязня́ться to become dirty
задава́ть imp/p зада́ть вопро́с to ask a question

задразнить p/imp дразнить to tease, provoke, mock

задуматься p/imp задумываться to become pensive

задумчивый pensive

зажечь p/imp зажигать to light, set light to

заиграть p/imp заигрывать to begin to play

заключать imp/p заключить to lock; to deduce, conclude

заключаться to consist

закон law

закрывать imp/p закрыть to shut

зала (or зал) hall

залитый солнцем flooded with sunlight

заложить p/imp закладывать to mortgage

заметный noticeable, clear

замечать imp/p заметить to notice, remark

замуж (выйти) to marry

замужем married (of woman)

замучить p/imp замучивать to torment, wear out

замучиться p/imp замучиваться to become exhausted, bothered

занавес, занавеска curtain

заниматься imp/p заняться to be occupied

занятый occupied, busy

запах smell, scent

запертый shut, closed

заплакать p/imp плакать to cry, weep, burst into tears

заплатить p/imp платить to pay

записать p/imp записывать to note, jot down

записная книжка note-book

запить p/imp запивать to drink, begin to drink

запой drinking bout

заполнять imp/p заполнить to fill

заработок earnings, income

зарево glow

засмеять p/imp засмеивать to mock

засохнуть p/imp засыхать to dry up, wither

застенчивый shy

застыдить p/imp стыдить to shame, put to shame

засыпать p/imp сыпать to scatter, cover; to begin to fall

затворять imp/p затворить to shut, lock

затем then, next

затерять p/imp затеривать to lose, mislay

зато whereas, but then

зафилософствоваться (p.) to start philosophising

захватить p/imp захватывать to seize, catch

захотеть p/imp хотеть to want, desire

захочется мне I (will) want to

зачем why

звать, по- to call; to invite

звезда star

звонить, по- to ring

звонок bell

звук sound

здешний local

здороваться, по- to greet

здоровый healthy, fit, well

здоровье health

здравствуй, здравствуйте! hello!

зевать imp/p зевнуть to yawn

зелёный green

земля earth, land

земляк fellow countryman

зе́мская упра́ва Zemstvo council, local authority
зе́ркало mirror
зима́ (зимо́й) winter (in winter)
злато́й golden
злой wicked, spiteful
злю́щий furious
знамени́тый famous
знать, у- to know
значе́ние meaning, significance
зна́чит that means, that is to say, in other words
значи́тельный important, significant
зна́чить (imp.) to mean
золотни́к zolotnik (4·26 grams)
золото́й golden

И

игра́ть (imp.) to play
игру́шка toy
идти́ (see **ходи́ть**) to go, walk
избра́ть p/imp **избира́ть** to elect
изве́стный famous; a certain
извини́ть p/imp **извиня́ть** to excuse
и́здали from afar
изжа́рить p/imp **жа́рить** to fry
измельча́ть imp/p **измельчи́ть** to grow small; to degenerate
измени́ть p/imp **изменя́ть** to change
и́зредка seldom; from time to time
изуми́тельный wonderful, amazing
изумле́ние amazement; consternation
изя́щный refined, elegant
име́ние estate, property
имени́нница one whose name-day it is

имени́ны (pl. only) name-day, Saint's day
и́менно namely
име́ть, to have
и́мя name
ина́че otherwise
инде́йка turkey
иногда́ sometimes
ино́й other
интеллиге́нт intellectual
иска́ть, по- to seek
и́скра spark
и́скренно sincerely
испо́лнить p/imp **исполня́ть** to fulfil, carry out
испра́виться p/imp **исправля́ться** to improve, become better
испроси́ть p/imp **испра́шивать** to beg, solicit
испу́г fright
испу́ганный frightened
и́стина truth
исто́рия history; story
исче́знуть p/imp **исчеза́ть** to vanish, disappear

К

кавка́зский Caucasian
ка́ждый each, every
каза́рма barrack(s)
каза́ться, по- to seem
казённый official
казнь punishment, execution
как бу́дто as if
как раз just, exactly
ка́к-нибудь somehow
како́й what, what sort of
како́й-то, -нибудь some, some sort of
ка́мень stone, rock
кана́т cable, rope
ка́пля drop

капот dressing-gown
каприз caprice, whim
капризница capricious person
капризничать (imp.) to be
  capricious, naughty
капуста cabbage
карандаш pencil
карман pocket
карта map; playing-card
картавить (imp.) to burr
  (mispronouncing "r")
качаться, по- to rock
качели (pl. only) swing
качество quality, capacity
каша porridge, gruel
кашлять, за- to cough
каяться, по- to repent
квартал quarter (of town)
квартира quarters, flat
квас kvass (beer)
квасцы (pl. only) alum
кидать imp/p кинуть to throw,
  cast; to leave
кипеть, за- to boil
кирпичный brick (adj.)
кладбище graveyard, cemetery
кланяться imp/p поклониться
  to bow, greet; to send respects
класть imp/p положить to put
  (lying)
клён maple
кленовый maple (adj.)
климат climate
ключ key
клясться, по- to swear, vow
книга (dim. книжка) book
ковёр carpet, rug
ковырять imp/p ковырнуть to
  pick (clean)
когда-то, -нибудь sometime
кое-что, кое-как something,
  somehow
колено knee
колокол bell

колонна column, pillar
колпак nightcap
колясочка (детская) pram
команда (пожарная) fire
  brigade
комар gnat, mosquito
кондрашка apoplectic fit
конец end
конечно of course
конфеты sweets
кончать imp/p кончить to
  finish, end
коньяк brandy
копейка copeck
коренной basic, radical
корзина basket
кормилица wet nurse
кормить, на- to feed, nourish
коробка box
коровий, -ья, -ье cow's
корпус corps
коса plait, tress
кот cat
который which, who
кохане beloved (Polish)
кофточка blouse
крайний (по крайней мере)
  extreme (at least)
красивый beautiful
красный red
крепкий strong, firm, sound
крепнуть, о- to become
  stronger
кресло arm-chair
крестьянка peasant-woman
кривой curved, bent, distorted
крик cry, shout
кричать, за- to cry, shout
кроватка (dim. of кровать) bed
кроме + gen. except, apart from
кругом + gen. round about,
  around
крыло (pl. крылья) wing
кряхтеть, за- to groan

кстáти to the point; opportunely; by the way

кто́-нибудь, -то somebody, anybody

куда́-нибудь, -то somewhere, anywhere

купéц merchant

курс course

кусóк (dim. кусóчек) bit, piece

куха́рка cook (fem.)

ку́хня kitchen

Л

ла́дно agreed! all right!

лакéй valet, footman

ласка́ть, по- to caress, fondle

ла́сковый tender, affectionate

лгать, со- to lie, tell lies

лéбедь swan

лéвый left

лёгкий light; easy

лежа́ть, по- to lie

лезть, по- to climb, clamber

лéкция lecture

лени́вый lazy, idle

лень idleness, laziness

лес wood, forest

лéстница staircase, ladder

лет years (gen. pl.)

лета́ть; летéть, по- to fly

лéто (лéтом) summer (in summer)

лечи́ть, вы- to cure, treat

лечь p/imp ложи́ться to lie down

лить, на- to pour

ли́хо (помяну́ть ли́хом) evil (to think evil of, bear a grudge)

лицó (не к лицу́) face (not suiting, not suited)

ли́чность individuality; person

ли́шний superfluous

лишь (лишь бы, то́лько) only (provided, as soon as)

лоб forehead

лóдка boat

ложи́ться imp/p лечь to lie down

лóшадь horse

лук onion

лукомóрье curved sea-shore

лу́чше better

любéзный kind, polite

люби́ть, по- to love

любóвь love

любопы́тство curiosity

лю́ди (pl. only) people

М

майóр major

малéйший slightest, least

мали́новый crimson

ма́ло few, little

ма́ло-пома́лу little by little

ма́лый little, small; chap, fellow

ма́льчик (dim. мальчи́шка) boy

мальчуга́н little boy, urchin

манéра manner, habit

ма́сло butter, oil, grease

ма́сленица shrove-tide, carnival

ма́стер master, expert

ма́товый mat, dull

мать (dim. ма́тушка) mother

маха́ть imp/p махну́ть to wave

машини́ст engine-driver

медвéдь bear

мéжду + inst. between

мéжду прóчим incidentally

мéжду тем meanwhile

мéлкий small, fine; trifling

мéлочь detail, trifle; small change

мéльком in passing, for a moment

мéньше less

меня́ться imp/p измени́ться to change

мéра (по кра́йней мéре) measure (at least)

мерéщиться, по- to seem, appear, be imagined

мерлехлюндия melancholy, depression (a Masha-ism)

мёрзкий loathsome, disgusting

мертвец dead person, corpse

мёртвый dead

место place, spot

месяц month; moon

мечта dream, day-dream

мечтание dream, dreaming

мечтать, по- to dream, day-dream

мешать, по- to stir, mix; to hinder (+ dat.)

мещанка bourgeois, Philistine (f.)

милашка dear, darling

милость (милости просим!) favour, kindness (welcome! come along!)

милый dear, kind

мимо + gen. past

минус minus

мир world; peace

мириться, по-, при- to make peace; to reconcile oneself

младший younger, youngest

мнение opinion

многие many, many people

много much, many

модный fashionable

может быть perhaps

можно it is possible, one can

мозг brain

молитва prayer

молния lightning

молоденький young

молодец brave, clever person

молодой young

молодость youth

молча in silence, silently

молчание silence

молчать, за- to be silent

мольба entreaty, prayer

мороз frost

московский Moscow (adj.)

мочь, с- to be able

мрачный gloomy, dull

муж husband

мужчина man

музыкант musician

мучать (мучить), за- to torment

мучительный painful, vexing

мыслить (imp.) to cogitate; to conceive

мысль thought; sense; idea

мыть, вы- to wash

мягкий soft, gentle

мятежный rebellious; passionate

мясной of meat

мясо meat

Н

набат alarm bell

набег raid, invasion

набегать imp/p набежать to invade, flow in

наблюдать (imp.) to observe

навеки for ever

наверно, наверное surely, certainly

наверх up, upwards, upstairs

нависнуть p/imp нависать to hang over, impend

навсегда for ever

нагнуться p/imp нагибаться to stoop, bow

нагрубать p/imp грубить to be rude to

надвигаться imp/p надвинуться to approach, draw near

надворный советник court counsellor (7th civilian rank)

надевать imp/p надеть to put on

надежда hope

надеяться, по- to hope

надо (it is) necessary

надоедать imp/p надоесть to bore (+ dat.)

наза́д back, backwards

называ́ть imp/p назва́ть to call, name

назюзю́каться (p.) to become drunk, merry

наи́грывать imp/p наигра́ть to play, strum

найти́ p/imp находи́ть to find

наказа́ние punishment

наконе́ц at last

накры́ть p/imp накрыва́ть на стол to lay the table

накури́ть (p.) to fill the room with smoke

нале́во to, on the left

нали́вка fruit-liqueur

намёк hint, allusion

напева́ть imp/p напе́ть to hum, sing

написа́ть p/imp писа́ть to write

напи́ться p/imp напива́ться to drink a lot, get drunk

напра́во to, on the right

напра́сно in vain

наприме́р for example

напуга́ться p/imp пуга́ться to be frightened, take fright

наро́д people, race

народи́ться p/imp нарожда́ть-ся to be born, to arise

наро́чно on purpose, expressly

нару́жность exterior

насви́стывать imp/p насви-ста́ть to whistle

населе́ние population

насе́сть p/imp насела́ть to settle, populate; to fall upon

наси́льно by force, under constraint

насме́шка mockery, derision

насоли́ть p/imp наса́ливать to salt; to spite, annoy

наста́ть p/imp настава́ть to come (e.g. time)

на́стежь wide open

насто́енный на + prep. brewed, obtained from

настоя́щее the present

настоя́щий real; present

настрое́ние mood

наступи́ть p/imp наступа́ть to tread on; to come (time)

насчёт about, concerning, as regards

нау́ка science, learning

нафтали́н naphthaline

находи́ть imp/p найти́ to find

нача́ло beginning

нача́льница schoolmistress, headmistress

нача́ть p/imp начина́ть to begin

на́черно roughly

на́чисто cleanly, thoroughly

на-чистоту́ above-board

наше́ствие invasion

не то it is not that; if not, other-wise

небе́сный heavenly

не́бо sky, heaven

небо́сь probably, surely

неве́ста bride, fiancée

невообрази́мый unimaginable

невреди́мый unharmed

невыноси́мый unbearable

невысо́кий low, short

неда́вно recently

неде́ля (dim. неде́лька) week

недово́льный dissatisfied, dis-pleased

недово́льство dissatisfaction, displeasure

недоста́точно insufficiently

недоуме́ние perplexity

не́жный tender

незадо́лго shortly

незаме́тный imperceptible, unnoticed

нездоро́виться (imp.) + dat. to
be unwell
нездоро́вый indisposed, ill
незнако́мый unknown, strange,
unacquainted
неисправи́мый incorrigible
не́когда (мне не́когда) once;
(I have no time)
некраси́вый ugly
не́кто somebody, a certain
не́куда nowhere (with dat.)
нело́вкий clumsy, awkward
нельзя́ it is impossible, forbidden
не́мец German (noun)
неме́цкий German (adj.)
немно́го, немно́жко some,
a little, a few, somewhat
ненави́деть, воз- to hate,
detest
не́навистный hateful
ненагля́дный dear, beloved
необыча́йный unusual, extra-
ordinary
неожи́данность suddenness,
surprise
неожи́данный unexpected,
surprise
неотрази́мый irresistible
непра́вда untruth, lie
непреме́нно without fail, for
certain.
неприли́чный indecent,
indecorous
неприя́тный unpleasant
не́рвный nervous, neurotic
нереши́тельный irresolute,
undecided
несмотря́ (на + acc.) nevertheless; in spite of
несомне́нный indubitable,
undoubted
несправедли́вость injustice,
wrong
нести́ (see носи́ть) to carry

несча́стье misfortune,
unhappiness
несча́стный unfortunate,
unhappy
нетакти́чный tactless
нетерпели́вый impatient
неуго́дно ли вам will you not?
неуда́чный unsuccessful
неудо́бный inconvenient,
unpleasant
неудово́льствие displeasure,
dissatisfaction
неуже́ли really? is it possible?
surely
не́чего there is nothing
не́что вро́де something in the
nature of
ни с того́, ни с сего́ for no reason
at all
ни (e.g. како́й бы ни . . .) -ever
(e.g. whatever . . .); neither, nor
ни́жний lower
ни́зенький (dim.) low; mean
ни́зость lowness; meanness
ника́к in no way, by no means
никако́й no, no sort of
никто́ nobody
ниско́лько not at all
ничего́ nothing; it does not
matter
ничто́жество nonentity, worth-
less thing or person
ничто́жный insignificant, worth-
less, contemptible
ничу́ть in no way, not at all
но́вый new
нога́ leg, foot
но́готь nail (finger, toe)
нож knife
но́жнички (но́жницы) (pl. only)
scissors
ноль nil, nought
носи́ть: нести́, по- to carry (но-
си́ть — to wear)

ночева́ть, пере- to pass the night
ночь night
нра́виться, по- + dat. to please
нра́вственный moral
ну well! indeed?
ну́жный necessary
ны́нешний present, modern
ня́ня (dim. ня́нька, ня́нечка) nurse

О

о́ба (m., n.), о́бе (f.) both
обая́тельный charming, fascinating
обе́дать, по- to dine
оберега́ть imp/p обере́чь to protect, preserve
обеспоко́енный uneasy, restless
обеспоко́иться p/imp беспоко́иться to become uneasy
обеща́ть (p. and imp.) to promise
оби́дный offensive, insulting
обижа́ться imp/p оби́деться to take offence
обма́нывать imp/p обману́ть to deceive
о́бморок faint
обнима́ть imp/p обня́ть to embrace
обойти́сь p/imp обходи́ться to treat (inst.); to turn out well
о́браз image, form; way; ikon
образова́ние education
образо́ванный educated
обраща́ть imp/p обрати́ть внима́ние to pay attention
обстано́вка furniture; situation, conditions
обще́ственный social, sociable
о́бщество society
объясня́ться p/imp объясня́ться to be explained; to explain oneself, have it out

обы́денный every-day, common, prosaic
обыкнове́нный usual, habitual, ordinary
обя́занность duty, obligation
обя́занный indebted, duty bound
овладева́ть imp/p овладе́ть inst. to seize, grip, take possession
огля́дка glance back, round
огля́дывать imp/p огляну́ть to look round, examine
огля́дываться imp/p огляну́ться to look round, behind
ого́нь fire
огорча́ть imp/p огорчи́ть to grieve, distress, vex
огорчённый grieved, vexed
одева́ться imp/p оде́ться to get dressed
оде́тый dressed
оди́н, одна́, одно́ one; alone; only, nothing but
одина́ково equally
одино́кий lonely, solitary
одино́чество loneliness, solitude
одна́ко however
оды́шка shortness of breath; asthma
ожи́ть p/imp ожива́ть to revive; to cheer up; to come to life
озаря́ться imp/p озари́ться to be lit up, shine
ока́зываться imp/p оказа́ться to appear, prove to be
оки́дывать imp/p оки́нуть взгля́дом to glance, take in at a glance
о́коло + gen. near, about
окружа́ющий surrounding
опа́сность danger
опозда́ть p/imp опа́здывать to be late
оправда́ние justification

определи́ть p/imp определя́ть to define, determine
опры́скивать imp/p опры́скать to sprinkle
опусте́ть p/imp пусте́ть to become empty
опя́ть again
о́рден order, medal
освободи́ться p/imp освобожда́ться to free oneself, be freed
о́сень (о́сенью) autumn (in autumn)
оско́лок splinter, chip, bit
оскорби́ть p/imp оскорбля́ть to offend, insult
осо́бенный special, particular
о́спа small-pox
остава́ться imp/p оста́ться to remain, stay
оставля́ть imp/p оста́вить to leave, leave behind
остана́вливать imp/p останови́ть to stop, bring to a halt
остано́вка halt, stop; check, catch
осуждённый condemned
осьмёрка (восьмёрка) the eight
отворя́ть imp/p отвори́ть to open
отвраще́ние revulsion
отдава́ть imp/p отда́ть to give, hand over
отдыха́ть imp/p отдохну́ть to rest
о́тдых rest
оте́ц father
отжи́ть p/imp отжива́ть to die away; to live out
отказа́ть p/imp отка́зывать to refuse, deny
отказа́ться p/imp отка́зываться to refuse, decline
откры́тие discovery
откры́ть p/imp открыва́ть to open; to discover

откры́тый open
отли́чный excellent, very good
отложи́ть p/imp откла́дывать to put away, aside; to postpone
отнести́ p/imp относи́ть to take, deliver
отнести́сь p/imp относи́ться to concern; to behave
отноше́ние attitude, relation
отня́ть p/imp отнима́ть to take away, off
оторопе́ть to be struck dumb
отправля́ть imp/p отпра́вить to dispatch
отрави́ться p/imp отравля́ться to take poison
отродя́сь, о́троду in one's life, ever
отста́вка retirement
отста́лый backward, out of date
отстава́ть imp/p отста́ть to fall behind; to leave alone
отсю́да hence, from here
оттого́ что because
отупе́ть p/imp тупе́ть to become blunt, dull
отходи́ть imp/p отойти́ to move away, depart
отча́яние despair
отчего́ why?
о́тчество patronymic
офице́р officer
охва́ченный seized
охо́та hunting; inclination, love
охо́та тебе́! must you? what is the point?
очарова́тельный enchanting
очеви́дно clearly
о́чень very
очну́ться (p.) to wake up; to come to one's senses

II

па́дать imp/p **пасть ду́хом** to lose courage, heart

паде́ж case (grammatical)

паке́т parcel

пала́та (**казённая**) chamber (council offices)

па́лец finger

па́лка stick

пальто́ overcoat

па́мять memory

па́ра pair

па́рус sail

пасту́х shepherd

пасья́нс patience (card game)

Па́сха Easter

па́хнуть (imp.) to smell

педаго́г teacher

педагоги́ческий pedagogical

пе́нсия pension

пе́рвый first

перебра́ться p/imp **перебира́ться** to move, remove

перевести́ p/imp **переводи́ть** to translate; to move, transfer

переезжа́ть imp/p **перее́хать** to move, remove

пережива́ть imp/p **пережи́ть** to experience, survive

перейти́ p/imp **переходи́ть** to pass, cross

перелётный migrant

переноси́ть imp/p **перенести́** to endure; to transfer

переночева́ть p/imp **ночева́ть** to spend the night

перепу́таться p/imp **перепу́тываться** to become entangled, muddled

пересели́ть p/imp **переселя́ть** to transplant, remove

пересмотре́ть p/imp **пересма́тривать** to look over; to revise

переставать imp/p **переста́ть** to stop, cease, desist

переу́лок side-street, lane

перси́дский Persian

пе́сня song

петь, по-, с- to sing

печа́льный sad

печь (dim. **пе́чка**) stove

пиджа́к coat, jacket

пи́ки (pl. only) spades (suit)

пили́ть (imp.) to saw, scrape

пиро́г pie, tart

пла́кать, за- to weep, cry

плакси́во tearfully

пла́тье dress

пла́чущий tearful

плечо́ shoulder

плохо́й bad

пляса́ть, по- to dance

побе́да victory

победи́ть p/imp **побежда́ть** to vanquish, conquer

побежа́ть p/imp **бежа́ть** to run

побере́чь p/imp **бере́чь** to look after, respect

побледне́ть p/imp **бледне́ть** to turn pale

побра́ть (**чёрт бы побра́л**) to take (Devil take it!)

побри́ться p/imp **бри́ться** to shave

побуди́ть p/imp **побужда́ть** to rouse, incite

повали́ться p/imp **вали́ться** to collapse

по-ва́шему in your opinion; as you like, in your way

поведе́ние conduct, behaviour

повеселе́ть p/imp **веселе́ть** to cheer up

пови́димому apparently

повора́чивать imp/p **поверну́ть** to turn

повторя́ть imp/p повтори́ть to repeat

повя́занный tied, bound

поговори́ть p/imp говори́ть to speak, have a talk

пого́да weather

погоди́ть (p.) to wait

погоре́лец person who has lost home in a fire

погоре́ть p/imp горе́ть to burn

погреба́ть imp/p погрести́ to bury

подава́ть imp/p пода́ть to give, serve; to retire (в отста́вку)

подари́ть p/imp дари́ть to give, present

пода́рок gift, present

подбира́ть imp/p подобра́ть to pick up

подви́жник ascetic, zealot, hero

подво́да horse and cart

поде́лать p/imp де́лать to do

поджёчь p/imp поджига́ть to set fire to, light

поди́те, пойди́те сюда́! go, come, come here!

по́длый base, foul

поднести́ p/imp подноси́ть to bring, offer

поднима́ть imp/p подня́ть to lift, raise

по́днятый lifted, elevated; turned up

подо́бный like, similar

подожда́ть p/imp ждать to wait

по-дома́шнему simply; in every-day clothes

подпи́сывать imp/p подписа́ть to sign

подполко́вник lieutenant-colonel

подпору́чик sub-lieutenant

подража́ть (imp.) to imitate

подра́ть (p.) to kill, punish

подря́дчик builder, contractor

подстрели́ть p/imp подстре́ливать to wound, wing

поду́мать p/imp ду́мать to think

подурне́ть p/imp дурне́ть to grow ugly

поду́шка pillow

подходи́ть imp/p подойти́ to approach

подъезжа́ть imp/p подъе́хать to drive up, approach

подъём rise

пое́хать p/imp е́хать to go, travel

пожа́луй perhaps; if you like

пожа́луйста, пожа́луйте please

пожа́р fire

пожа́рная кома́нда fire-brigade

пожа́рные firemen

пожела́ть p/imp жела́ть to wish, desire

пожи́ть p/imp пожива́ть to live

пожима́ть imp/p пожа́ть to press

пожима́ть плеча́ми to shrug

позабы́ть p/imp позабыва́ть to forget

позади́ behind

позва́ть p/imp звать to call, summon

позволе́ние permission

позво́лено мне I may, I am allowed

позволя́ть imp/p позво́лить + dat. to allow, permit

по́здно late

поздоро́ваться p/imp здоро́ваться to greet

поздравля́ть imp/p поздра́вить to congratulate

познако́миться p/imp знако́миться to become acquainted

поиска́ть p/imp иска́ть to seek, look for

по-италья́нски in Italian
пойти́ p/imp идти́ to go
пока́ while; in the meanwhile, for the time being
пока́ не until
показа́ть p/imp пока́зывать to show
показа́ться p/imp пока́зываться to appear
поката́ть p/imp ката́ть to take for a walk, push (pram)
поката́ться p/imp ката́ться to go for a drive
пока́яться p/imp ка́яться to repent; to confess
покида́ть imp/p поки́нуть to leave, abandon
поко́й peace, quiet
поко́йник, поко́йница deceased person
поко́йный deceased, late
поколе́ние generation
поко́нчить (p.) to put an end to
поко́рный humble, obedient
покуша́ться imp/p покуси́ться to attempt
пол floor
по-латы́ни in Latin
полбуты́лка half bottle
полго́да half a year
по́лдень midday, noon
полжи́знь half a life
полне́ть, рас-, по- to grow stout, put on weight
по́лно enough, that will do
по́лночь midnight
по́лный full
полови́на half
положе́ние position; condition
поло́жим let us suppose
положи́тельный positive
полоу́мный halfwitted
полтора́ one and a half

получа́ть imp/p получи́ть to get, obtain, receive
полчаса́ (dim. полча́сик) half an hour
по́льза (в по́льзу) use, profit (on behalf, in favour of)
по́лька Polish woman; polka (dance)
по́льский Polish
По́льша Poland
полюби́ть (p.) to fall in love with, take a fancy to
помере́ть p/imp помира́ть to die
помёрзнуть p/imp померза́ть to perish from cold, freeze
помести́ть p/imp помеща́ть to place; to lodge
помечта́ть p/imp мечта́ть to dream, day-dream
поме́шанный mad, insane
помеша́ть p/imp меша́ть to stir, mix; to hinder, prevent
поми́мо + gen. besides, apart from
помина́ть ли́хом (imp.) to think ill of, bear a grudge
по́мнить, вс- to remember, recall
помога́ть imp/p помо́чь to help
по-мо́ему in my opinion
помолоде́ть p/imp молоде́ть to grow younger
помолча́ть p/imp молча́ть to be silent
по́мощь help, assistance
помяну́ть p/imp помина́ть to mention
понадо́биться p/imp надо́биться to be necessary
по-на́шему in our opinion, in our way
понима́ть imp/p поня́ть to understand, realise

понятный comprehensible

попасть p/imp попадать to hit; to land, turn up

поперёк + gen. across

поплакать p/imp плакать to weep, cry

пополнеть p/imp полнеть to grow stout, put on weight

поправлять imp/p поправить to correct

поправляться imp/p поправиться to recover, get better

по-прежнему as before, as formerly

попросту simply

попугать p/imp пугать to frighten

пора (до сих пор) time, it is time (until now)

пораньше a little earlier

порог threshold

порошок powder

поручик lieutenant

порыв gust, puff; fit, burst

порядок order, form, arrangement

порядочный decent, honest, respectable

посватать p/imp сватать to propose marriage

посвистывать imp/p посвистеть to whistle

посидеть p/imp посиживать to sit for a while

поскорее quickly, a little faster

послать p/imp посылать to send

последний last; latest

послезавтра the day after to-morrow

послушать p/imp слушать to listen

постареть p/imp стареть to grow old

по-старому in the old way, as before

постель bed

постой! stop, wait, hold it!

постоянный constant, continuous

поступать p/imp поступить to act, behave; to enter, enlist

пот sweat, perspiration

потемнеть p/imp темнеть to grow dark

потерянный lost

потерять p/imp терять to lose

потирать imp/p потереть to rub

потихоньку silently; secretly

потолковать p/imp толковать to interpret; to converse

потолок ceiling

потом then, next

потомок descendant

потому что because

потраченный spent

потягиваться imp/p потянуться to stretch oneself

потянуть p/imp потягивать to pull; to sip

пофилософствовать p/imp философствовать to philosophise

поход campaign

походная форма "battle dress" uniform

похожий like, similar to

похудеть p/imp худеть to grow thin

поцеловать p/imp целовать to kiss

поцелуй kiss

почему (почему-то) why (for some reason)

почти almost, nearly

почувствовать p/imp чувствовать to feel, experience

пошлость vulgarity, triviality

пошлый, пошленький (dim.) vulgar, trivial

поэзия poetry

по́яс belt

поясни́ть p/imp поясня́ть to explain

пра́вда truth; it is true

пра́во right (noun); really, indeed

правосла́вный orthodox

пра́вый right; rightful, just

пра́здность idleness

пра́здный idle

превосхо́дный excellent

предложе́ние proposal; sentence

предрассу́док prejudice, superstition

председа́тель chairman

председа́тельствовать (imp.) to preside, be chairman

представля́ть imp/p предста́вить себе́ to imagine

представля́ться imp/p предста́виться to seem; to introduce oneself

предубежде́ние prejudice

предчу́вствовать (imp.) to have a presentiment, anticipate

пре́жде before, formerly

пре́жний former, previous

презира́ть (imp.) to despise

прекра́сный fine, beautiful

преле́стный charming, delightful

пре́лесть charm, charming thing

преподава́ть imp/p препода́ть to teach

приба́вить p/imp прибавля́ть to add

привести́ p/imp приводи́ть (привёл Бог) to bring (God granted)

привлека́ть imp/p привле́чь to attract

привыка́ть imp/p привы́кнуть to become accustomed

привы́чка custom, habit

привяза́ться p/imp привя́зываться to be tied, attached; to nag

приглаша́ть imp/p пригласи́ть to invite

приготовля́ться imp/p пригото́виться to get ready, prepared

придава́ть imp/p прида́ть to give, add, attach

прида́ток addition

придира́ться imp/p придра́ться к to nag at, annoy

прие́хать p/imp приезжа́ть to arrive

прижа́ться p/imp прижима́ться to press oneself, nestle

призна́ться p/imp признава́ться to confess, admit

прийти́ p/imp приходи́ть to arrive, come

прийти́сь p/imp приходи́ться + dat. to have to

прили́чный, прили́чненький (dim.) decent, proper

приме́та token; omen

принадлежа́ть (imp.) to belong

принести́ p/imp приноси́ть to bring

принижа́ющий lowering, reducing

при́нято it is accepted

приня́ть p/imp принима́ть to take, receive, accept

приня́ть ме́ры to take steps

приобрета́ть imp/p приобрести́ to acquire, obtain

приро́да nature

присла́ть p/imp присыла́ть to send

прислу́га servant(s)

прислу́шиваться imp/p прислу́шаться to listen, listen for something

пристава́ть imp/p приста́ть to worry, pester; to adhere

прис́у́тствие presence; sitting (of meeting)

прис́у́тствовать (imp.) to be present

прит́о́м besides, moreover

приучи́ть p/imp приуча́ть to teach, train

приходи́ть imp/p прийти́ to arrive, come

при чём what is the point of?

причёска coiffure, hair-style

причёсывать imp/p причеса́ть to dress, brush, comb; to stroke

прия́тный pleasant

про́бочка cork, stopper

провести́ p/imp проводи́ть to spend, pass

провожа́ть imp/p проводи́ть to see off, show out; to see home

провози́ть imp/p провезти́ to carry past, wheel past

прогна́ть p/imp прогоня́ть to drive away

прогу́лка walk, stroll

продава́ть imp/p прода́ть to sell

продолжа́ть imp/p продо́лжить to continue

продолжи́тельный prolonged

проезжа́ть imp/p прое́хать to drive past

прое́хаться p/imp проезжа́ться to go for a drive

прожи́ть p/imp прожива́ть to live, pass, spend

проигра́ть p/imp прои́грывать to lose

проигра́ться p/imp прои́грываться to lose (all one's money)

про́игрыш loss

произвести́ p/imp производи́ть to produce

произойти́ p/imp происходи́ть to happen

пройти́ p/imp проходи́ть to pass, cross

прокати́ться p/imp прока́тываться to go for a drive

прокля́тый cursed, damned, accursed

промелькну́ть p/imp мелька́ть to flash past

пропада́ть imp/p пропа́сть to be lost, disappear

про́пасть precipice, abyss

проси́ть, по- to beg, ask

проснуться p/imp просыпа́ться to wake up

прости́ть p/imp проща́ть to forgive

прости́ться p/imp проща́ться to say farewell

про́сто simply

простокваша yogurt

просто́рный spacious

просыпа́ться imp/p проснуться to wake up

про́тив + gen. against

проти́вный opposed; disgusting, repugnant

протяну́ть p/imp протя́гивать to stretch; to prolong

проходи́ть imp/p пройти́ to pass, cross

проходно́й двор passage yard

прохо́жий passer-by

прочесть (p.) to read through

про́чий (ме́жду про́чим) other (incidentally)

про́шлый (про́шлое) past, last (the past)

проща́й, проща́йте! farewell!

проща́ние farewell, leave-taking

проща́ться imp/p прости́ться to say farewell, take leave

проясня́ть imp/p проясни́ть to make light, make clear

при́скаться imp/p при́снуться to sprinkle oneself

пря́мо straight; to the point, directly

прямо́й straight, direct, honest

пти́ца bird

пуга́ть, на-, по-, ис- to frighten

пуд pood (36 lbs.)

пу́ля bullet

пуска́ть imp/p пусти́ть to let, allow; to admit; to begin; to let go

пусто́й empty; vain, idle

пусты́ня desert

пустяки́ nonsense, nothing that matters

пустя́чный trifling, trivial

пу́тать, по-, с-, пере- to confuse, mix up

путь (по пути́) way, journey; method (on the way)

пы́тка torture

пья́ный drunk, drunken

пя́тница Friday

Р

рабо́тать, по- to work

рабо́чий work, working (adj.); workman

ра́вный (всё равно́) equal, alike (it is all one)

равноду́шие indifference

равноду́шный indifferent

рад glad

ра́ди Бо́га! for God's sake!

ра́достный joyful

ра́дость joy

раз (как раз) time, occasion; once (just, exactly)

разби́ть p/imp разбива́ть to break

разби́ться p/imp разбива́ться to be broken, break

разбо́йник scoundrel, villain

разбуди́ть p/imp буди́ть to waken

ра́зве perhaps; save; really? surely?

разви́ть p/imp развива́ть to develop, evolve; to unwind

разгова́ривать (imp.) to talk, converse

разгово́р conversation

разде́тый undressed

раздража́ть imp/p раздражи́ть to annoy, irritate

раздразни́ть p/imp дразни́ть to provoke, tease

разду́мывать imp/p разду́мать to ruminate, be pensive; to waver

разду́мье thought, hesitation

ра́зница difference

разнообра́зить (imp.) to vary, diversify

ра́зный different, various

разозли́ть p/imp злить to irritate, tease

разойти́сь p/imp расходи́ться to separate; to lose one's temper

разуме́ется (само́ собо́й разуме́ется) of course (it stands to reason)

ра́мочка (dim.) frame

ра́нить (p. and imp.) to wound

ра́нний early (adj.)

ра́но early (adv.)

раскла́дывать imp/p разложи́ть to set out; to unpack

располне́ть p/imp полне́ть to grow stout

распуска́ться imp/p распусти́ться to flower, burst into leaf

рассве́т dawn

рассерди́ться p/imp серди́ться to become angry

рассе́сться p/imp расса́живаться to sit at ease, sit around

рассе́янный absent-minded, distracted

расска́зывать imp/p рассказа́ть to tell, relate

рассма́тривать imp/p рассмотре́ть to examine, look at

расстава́ться imp/p расста́ться to part, depart, leave

рассчи́тывать imp/p рассчита́ть to reckon, calculate

раствори́ть p/imp растворя́ть to dissolve

расте́ние plant, growth

расти́, вы́- (past рос, росла́) to grow

растрёпанный dishevelled, tousled

растро́ганный touched, moved

расчёсывать imp/p расчеса́ть to comb, stroke

расчу́вствоваться (p.) to be affected, moved

ребёнок child, infant

реве́ть, про- to roar; to blubber, howl

река́ river

речь speech

реша́ть imp/p реши́ть to decide

решено́ it is decided

решётчатый latticed

реши́тельно absolutely, decidedly

ри́млянин Roman (noun)

ро́вно exactly

ро́дина native land

роди́ться p/imp рожда́ться to be born

родно́й native; my dear, own

рожде́ние (день рожде́ния) birth (birthday)

ро́зовый pink

рома́н novel

рома́нчик affair

роня́ть imp/p урони́ть to drop, let fall

ро́пот murmur; complaint

роско́шный luxurious

ро́скошь luxury

ро́ща grove, copse

роя́ль piano, grand piano

рубль rouble

рука́ arm, hand

рукомо́йник wash-stand

рыда́ние sob, sobbing

рыда́ть, за- to sob

рю́мочка wine-glass, liqueur glass

ряд row, series

ря́женый (noun) mummer

С

-с suffix indicating polite address "sir"

сади́ться imp/p сесть to sit down

сам, сама́ self, oneself

самова́р samovar

самоуби́йство suicide

са́мый (в, на са́мом де́ле) same; very; most (indeed, in fact)

сапо́г boot

сбрить p/imp сбрива́ть to shave

сва́дьба wedding

сва́рить p/imp ва́рить to boil, cook, prepare

свет light; society; world

света́ет it is getting light, dawning

све́тлый, све́тленький (dim.) light, bright

све́тский secular, worldly; fashionable

свеча́ candle

свида́ние (до свида́ния) meeting, appointment (au revoir)

свиде́тельница witness

свире́пствовать (imp.) to rage

свистеть imp/p свистнуть to whistle
свобода freedom
свободный free
свои friends
свойственный peculiar, distinctive
святой holy, saintly
сгореть p/imp гореть to burn, burn down
сделать p/imp делать to do, make
сделаться p/imp делаться to become, be made
сдержанный restrained, suppressed, reserved
сдерживаться imp/p сдержаться to restrain oneself
сдуть p/imp сдувать to blow away, off
седеть, по- to turn grey
седой grey-haired
сей, сия, сие (до сих пор) this (until now)
сейчас at once, now, presently
секретарь secretary
секундант second (in duel)
семейство family, household
семинария seminary
семья family
сени (pl. only) entrance passage, porch
сердечный hearty, sincere
сердитый angry
сердиться, рас- to become angry
сердце heart
серебряный silver (adj.)
серый, серенький (dim.) grey
серьёзный serious
сесть p/imp садиться to sit down
сжаться p/imp сжиматься to press, squeeze; to sink (of heart)
сзади behind, from behind
сидеть, по- to sit

сила strength, force, power
сильный strong
симпатичный likeable, nice
синий blue, dark blue
сиять, за- to shine
сказать p/imp говорить, сказывать to say, tell
скамья bench, seat
сквозь + acc. through
сковородка frying pan
сконфузиться p/imp конфузиться to become confused
скорей, скорее quickly, more quickly, as soon as possible
скоро quickly, soon
скрипач violinist
скрипка violin
скромный modest
скука boredom
скучать imp/p соскучиться to be bored; to miss, long for
скучища extreme boredom
скучный boring; annoying
слабый weak
слава (слава Богу) glory (thank God)
славный glorious, famous, wonderful
славянский Slav, Slavonic
сладкий sweet
следовать, по- to follow
следует, следовало бы one ought to
следующий following, next
слеза tear
слепой blind
слиться p/imp сливаться to merge, combine
служба service, employment
служение service, ministry
служить, по- to serve
слух hearing; rumour
случай (по случаю) case, event; circumstance (on the occasion of)

случа́ться imp/p случи́ться to happen, take place
слу́шать, по- to listen
слу́шаю I am listening, I will obey
слы́шать, у- to hear
слы́шный audible
смерть death
сметь, по- to dare
смех laughter
смешно́й funny, amusing, ludicrous
смея́ться, за- + dat. or над + inst. to laugh
смотре́ть, по- to look
смуще́ние embarrassment, confusion
·смущённый confused, embarrassed, abashed
смысл sense, meaning
спача́ла at first; from the start
снег snow
снести́ p/imp сноси́ть to take, take down; to endure
снима́ть imp/p снять to take off; to photograph
сни́ться, при- + dat. to dream
сно́ва again, anew
соба́ка dog
собира́ться imp/p собра́ться to be about to; to meet, gather
со́бственный own, proper; exact
соверше́нный complete, perfect
со́вестно мне I am ashamed
со́весть conscience
сове́т advice; council
сове́тник councillor; adviser, counsellor
совсе́м (совсе́м не) quite, completely (not at all)
согласи́ться p/imp соглаша́ться to agree
согла́сный in agreement; consistent

сожале́ние (к сожале́нию) regret; pity (unfortunately)
созда́ть p/imp создава́ть to form, create
сознава́ть imp/p созна́ть to admit, recognise; to feel
созна́тельно consciously
созна́ться p/imp сознава́ться to confess
солда́т soldier
со́лнечный sunny
со́лнце sun
соло́менный straw (adj.)
сон sleep; dream
сообра́зно in accordance with, conforming to
сопе́рник rival
со́рный (со́рная трава́) weedy, dirty (weeds)
соста́вить p/imp составля́ть to compose, form
соста́риться p/imp ста́риться to age, grow old
состоя́ние state, condition; fortune, wealth
софи́стика sophistry
сохрани́ться p/imp сохраня́ться to be preserved, kept
сочине́ние essay, composition
спа́льня bedroom.
спаси́бо thank you
спать, по- to sleep
спеши́ть, по- (часы́ спеша́т) to hurry (the clock is fast)
спирт spirit(s), alcohol
спи́сок list
спле́тня gossip
споко́йный (споко́йной но́чи) peaceful, calm (good night!)
споко́йствие peace, calm
спо́рить, по- to argue, debate
спосо́бный capable
спохвати́ться p/imp спохва́тываться to remember oneself

справедливость fairness, justice
спрашивать imp/p спросить to ask
спрятать p/imp прятать to hide
спящий sleeping
среда Wednesday; milieu
среди + gen. among
срок period, time, date
срубить p/imp рубить to cut down, fell
ссориться, по- to quarrel
ставить, по- to put, set, stand
стакан glass, tumbler
стало быть consequently, therefore
становиться imp/p стать to go and stand, stand; to become
стараться, по- to try, attempt
стареть, по- to grow old, age
старик old man
старинный ancient, old-fashioned
старость age
старуха old woman
старший older, elder, oldest, eldest
старый old
стаскивать imp/p стащить to pull off
стать p/imp становиться to go and stand, stand; to become
стать (p. only) (не стану) to begin (I will not)
статься (p.) to happen
стеклянный glass (adj.)
стена wall
степень degree
стерпеть p/imp терпеть to endure
стихать imp/p стихнуть to calm down, abate
стихи poetry, poems
стоить (imp.) to cost; to be worth
стой! hold it!
столовая dining room

столько so much, as much
сторож watchman, guard
сторона side; place
стоять, по- to stand
страдание suffering
страдать, по- to suffer
странный strange, odd
страстный passionate
страх terror, fear, apprehension
страшный terrible, dreadful
стрелять imp/p выстрелить to shoot, fire
строгий strict, severe
строевая часть fighting unit
стук knock, rap
ступай! be off!
ступень step
стучать, по- to knock
стыд shame
стыдно мне I am ashamed
судьба fate
суетиться (imp.) to fuss, bustle about
суждено мне I am fated, destined
сумасшедший mad, insane
сутяжничество fraud, intrigue
сухой dry
существование existence
существовать (imp.) to exist
сущность (в сущности) substance, nature (virtually, in fact)
сходить imp/p сойти to descend
сходить с ума to go mad
сцена stage; scene
счастливый happy; fortunate
счастье happiness; fortune, luck
счёт account
считать imp/p счесть to consider
считать, со- to count
считаться, по- to be considered
съесть p/imp есть to eat
сын son
сырой damp, moist; raw

сы́тость satiety, repletion
сюда́ hither, here

Т

та́йна secret
тако́й such, such a, so
тако́й же such a, so, as
тала́нтливый talented
та́лия waist
та́льма wrap, cape
танцева́ть, по- to dance
тарака́н cockroach
таре́лка plate
твори́ть, со- to create
телеграфи́стка telegrapher (f.)
те́ло body
тем лу́чше so much the better
тёмный dark
тепе́решний present, of the
   present time
тепе́рь now
тёплый warm
тере́ть, с- to rub, wipe
терза́ть, рас- to torment
терпели́вость patience
терпе́ть, с- to endure
терра́са terrace
теря́ть, по- to lose
теря́ться, по- to lose oneself; to
   despair
тетра́дь exercise book
тече́ние (в тече́ние) current,
   course (in the course of)
течь, про-, по- to flow
тёща mother-in-law,
ти́хий, тихо́нький (dim.) quiet,
   calm
ти́ше more quietly, hush!
тишина́ silence, quiet, tranquility
то that; then; now ... now ...
това́рищ comrade
толк sense, meaning
толпа́ crowd

то́лько (то́лько что) only (just)
то́нкий thin, fine; delicate, slender,
   sensitive
торже́ственный solemn, grave,
   pompous
торопи́ться, по- to hurry, rush
торопли́вый hasty, quick, prompt
торт tart, pie
тоска́ longing, yearning; anguish
тоскова́ть (imp.) to yearn,
   languish; to be sad
тот же the same
то́тчас immediately
то́чно exactly; as if
трава́ grass
тракти́р inn
тре́бовать, по- + gen. to
   demand
трево́га alarm, anxiety, fear
трево́жный alarming, uneasy
тре́звый sober
трёпанный dishevelled, tousled
трёт (see тере́ть) to rub, wipe
тре́тий, -ья, -ье (тре́тьего дня)
   third (the day before yesterday)
треть a third, third part
тро́гать imp/p тро́нуть to touch,
   move
тро́йка troika, three-horse carriage
   or sledge
тройно́й triple, treble
труба́ (dim. тру́бочка) chimney,
   pipe, tube
труд work, labour
труди́ться, по- to work, labour
тру́дный difficult, hard
трудолю́бие industry, assiduity
труп corpse
трын-трава́ in vain, pointless
ту́мба kerbstone
тунея́дство sloth, idleness
туши́ть, по- to put out, extinguish
тюрьма́ (adj. тюре́мный)
   prison

тяжёлый heavy, burdensome; hard, difficult

тя́жкий serious, grievous, sad, distressing

тяну́ть, по-, на-, рас- to pull, drag, stretch

У

убега́ть imp/p убежа́ть to run away

убеди́ть p/imp убежда́ть to convince, persuade

убира́ть imp/p убра́ть to take, clear away, tidy

уби́ть p/imp убива́ть to kill

уважа́ть (imp.) to respect

уваже́ние respect

увезти́ p/imp увози́ть to take away

уверя́ть imp/p уве́рить to assure

уви́деть p/imp ви́деть to see, spot

уви́деться p/imp ви́деться to meet, see each other

уво́лить p/imp увольня́ть to dismiss, expel

углова́тый angular; clumsy

угнета́ть (imp.) to oppress, depress, weigh down

уговори́ться p/imp угова́риваться to come to an agreement

уго́дно (не уго́дно ли вам?) suitable, pleasing (will you not?)

у́гол corner

угоще́ние treating, entertainment

угрю́мый morose, sullen, gloomy

удава́ться imp/p уда́ться + dat. to manage, be able

уда́рить p/imp ударя́ть to strike, hit

уде́л lot, portion, fate

удиви́тельный surprising, wonderful

удо́бный convenient

удовлетворе́ние satisfaction, atonement

удивля́ться imp/p удиви́ться to be surprised

удово́льствие satisfaction, pleasure

уезжа́ть imp/p уе́хать to depart, leave

уж, уже́ already; (also emphatic particle)

уже́ не no longer

у́жас terror, fright, dismay

ужаса́ться imp/p ужасну́ться to be terrified, horrified

ужа́сный terrible, horrible

узна́ть p/imp узнава́ть to find out, recognise

уйти́ p/imp уходи́ть to leave, go away

ука́зывать imp/p указа́ть to point, indicate

ука́чивать imp/p укача́ть to rock to sleep

у́лица street

улыба́ться imp/p улыбну́ться to smile

улы́бка smile

ум mind, intelligence

умере́ть p/imp умира́ть to die

уме́ть to be able, know how to

умиле́ние tenderness, emotion

у́мница intelligent, clever person

у́мный clever, intelligent

умне́йший most intelligent

умоля́ть imp/p умоли́ть to beseech, implore

умори́ть p/imp мори́ть to kill, cause the death of

умыва́ться imp/p умы́ться to wash oneself

университе́т university

уны́лый dismal, cheerless, despondent

упа́сть p/imp упада́ть to fall

упое́ние rapture, ecstasy

упо́мнить p/imp по́мнить
to remember
употребля́ть imp/p употреби́ть
to use
упра́ва (зе́мская упра́ва)
council (zemstvo, local council)
упрёк reproach
упря́мство obstinacy,
stubbornness
урьı́вочками in snatches, at odd
moments
уса́живать imp/p усади́ть
to seat, make to sit down
успе́ть p/imp успева́ть to manage, have time to
успоко́иться p/imp успока́и-
ваться to become quiet, calm
down
устаре́ть p/imp старе́ть to become obsolete; to grow old
уста́ть p/imp устава́ть to grow
tired
устро́ить p/imp устра́ивать to
arrange
уступи́ть p/imp уступа́ть to give
way, to yield
усы́ (pl. only) moustache
утеше́ние consolation, relief
утира́ть imp/p утере́ть to
wipe
утиха́ть imp/p ути́хнуть to
abate, subside, die away
утоми́ться p/imp утомля́ться
to be tired
утомле́ние exhaustion, weariness
утомлённый tired, weary
у́хо (pl. у́ши) ear
уходи́ть imp/p уйти́ to leave, go
away
уча́ствовать (imp.) to take part
учёный learned (adj.); scholar
(noun)
уче́нье (уче́ние) teaching; learning

учи́тель, учи́тельница teacher,
school-master, -mistress
учи́ть, вы- + dat. to teach, learn
учи́ться, вы- + dat. to study,
learn
у́ши (see у́хо) ears

Ф

фами́лия surname
фарфо́ровый china, porcelain
(adj.)
физионо́мия physiognomy,
character
филосо́ф philosopher
филосо́фствовать, по- to philosophise
фи́ник date
флако́н (small) bottle, flask
фо́рма form, shape; uniform
фо́рменный uniform (adj.)
фотогра́фия photograph
фра́за sentence, phrase
фрак dress-coat
фура́жка peak cap, forage-cap

Х

ха́живать (imp.) to frequent, go
back and forwards
хара́ктер character, disposition
хвали́ться, по- to boast
хвата́ть imp/p хвати́ть to suffice
хвата́ть imp/p хвати́ть or схва-
ти́ть to seize
хладнокро́вный cold-blooded
хло́пать imp/p хло́пнуть to
bang, slam; to clap, slap
хло́поты (pl. only) fuss, bustle;
trouble
ход (на ходу́) motion, movement,
course (walking, in motion)
ходи́ть; идти́, по- to go (on foot)
хозя́йка hostess, mistress

хозя́йство household; economy
холо́дный cold
хоте́ть, за- to want, wish
хоть, хотя́ although; if only, at least, as many as
хохота́ть, за- to laugh, roar
хо́чется, хоте́лось, за- + dat. (I) want, would like to
хрычёвка old witch
худе́ть, по- to grow thin
худо́жник artist

Ц

ца́рство kingdom
цвет (в цвету́) colour (in bloom)
цвето́к (dim. цвето́чек) flower
цветы́ flowers
целова́ть, по- to kiss
це́лый whole, entire
цель aim
це́льный whole, entire, total
цени́ть, о- to value, appreciate, rate
цепь chain
цип (noise made to attract hens)

Ч

чай tea
час hour
ча́сто often
часть part; unit
часы́ (pl. only) clock, watch
челове́к man, person
челове́чество mankind, humanity
чем (чем . . . тем . . . + compar.) than (the . . . the . . .)
чепуха́ nonsense, rubbish
че́рез + acc. through, across
черемша́ ramson, broad-leaved garlic
чёрный dark, black
чёрт devil

черто́вски devilishly, deuced
чесно́к garlic
че́стный honest, decent, fair
че́стным сло́вом, че́стное сло́во honestly
честь honour
че́тверть quarter
чехартма́ chekhartma (meat dish)
чи́стить, о- to clean
чи́стый clean, pure
чита́ть, по-, про- to read
член member; limb
чрезвыча́йно exceedingly, extraordinarily
что за what sort of, what a
что́-то, -нибудь something, anything
чу́вство feeling
чу́вствовать, по- to feel, experience
чуда́к, чуда́чка queer person, crank
чуде́сный wonderful, splendid, beautiful
чу́дный wonderful, marvellous
чужо́й strange, foreign
чуть (чуть не) hardly, barely (nearly)

Ш

шалу́н imp, scoundrel (affectionate)
шампа́нское champagne
ша́пка cap
шар ball, sphere, balloon
шата́ться imp/p шатну́ться to reel, totter; to lounge, roam
швейца́р porter, door-keeper
шёпот whisper
шепта́ть imp/p шепну́ть to whisper
шерша́вый rough
шесто́й sixth
ше́я neck

ш**а́канье** hushing, hissing
ши**́рма** screen
ши**ро́кий** wide, broad
шкап, шкаф cupboard, dresser
шля́па hat
шта́бс-капита́н second captain
шта́тский civil, civilian
шту́ка (dim. шту́чка) piece, bit, item, thing
шу́ба fur coat, cloak
шум noise, sound
шуме́ть, за- to make a noise
шу́мный noisy
шути́ть, по- to joke
шу́тка joke
шутни́к joker

Щ

щека́ cheek
щепо́точка pinch

Э

э́ва expression of astonishment, incredulity or disagreement
э́кий what, what a
эта́ж storey, floor
э́такий such a, what a
эхма́ = эх
э́хо echo

Ю

ю́бка skirt

Я

я́блоко apple
яви́ться p/imp явля́ться to appear, to be
язы́к tongue; language
я́ркий bright, clear
я́сный clear, distinct